Gustav Breitkreuz

„Kernpotentiale, die das Unternehmen fit halten“

Quellen der substantiellen Stabilität

Berichte aus der Betriebswirtschaft

Gustav Breitkreuz

Kernpotentiale, die das Unternehmen fit halten

Quellen der substantiellen Stabilität

Shaker Verlag
Aachen 2007

Bibliografische Information der Deutschen Nationalbibliothek
Die Deutsche Nationalbibliothek verzeichnet diese Publikation in der Deutschen Nationalbibliografie; detaillierte bibliografische Daten sind im Internet über http://dnb.d-nb.de abrufbar.

Printed in Germany.

ISBN 978-3-8322-6499-4
ISSN 0945-0696

Shaker Verlag GmbH • Postfach 101818 • 52018 Aachen
Telefon: 02407 / 95 96 - 0 • Telefax: 02407 / 95 96 - 9
Internet: www.shaker.de • E-Mail: info@shaker.de

INHALTSVERZEICHNIS

Vorwort 7

1. Kernpotentiale im Zentrum der Unternehmensführung 9

2. Motivierte und zufriedene Mitarbeiter halten das Unternehmen fit 13

2.1 Motivationseffekt 13

2.2 Ergebnisfaktor Mitarbeiterzufriedenheit................................ 16

2.3 Beispiel eines Unternehmens zur Stimulierung der Motivation und Mitarbeiterzufriedenheit 24

3. Erfolgreiches Krisenmanagement – mehr Sicherheit für das Unternehmen 27

4. Mehr Kundenorientierung, mehr Kundenzufriedenheit – Potential für mehr Umsatz 49

4.1 Kundenorientierung 49

4.1.1 Analyse der Kundenorientierung 50

4.1.2 Erfolgsfaktoren zur Verbesserung der Qualität der Kundenorientierung 51

4.1.2.1 Gelebte Unternehmensphilosophie und Unternehmerkultur 51

4.1.2.2 Ein gut funktionierendes Beziehungsmanagement.................52

4.1.2.3 Kundenorientierten Beziehungsaufbau vom ersten Tag Kontaktaufnahme mit dem Kunden anstreben 53

4.2 Kundenzufriedenheit 55

5. Liquiditätssicherung zur Chefsache erklären 67

6. Konzentration auf profitable Produkte durch Fokussierung und Innovation 71

6.1 Fokussierung 71

6.2 Produktinnovation 72

7. Qualität vor Quantität 75

7.1 Prozessorientierte Qualität 76

7.2 Arbeitsqualität 77

7.3 Produkt- und Servicequalität 78

8. Kosten senken, Gewinn steigern – Alternativen für Stabilität und Zahlungsfähigkeit 83

9. Überwachung und Controlling als Steuerungsinstrument des Leitungsmanagements 95

9.1 Der Konnex von Überwachung und Controlling 95

9.2 Überwachung 97

9.3 Controlling 98

9.3.1 Aufgaben 98

9.3.2 Arten des Controllings und ihre Einordnung in die Führungsebenen 99

9.3.3 Controllingorganisation 100

9.3.4 Controllinginstrumente 102

Literaturverzeichnis 111

Stichwortverzeichnis.. 113

VORWORT

Das zentrale wirtschaftliche Anliegen aller Unternehmen in Deutschland ist die dauerhafte finanzielle Stabilität.
Sie ist und bleibt auch in Zukunft die wichtigste Zielstellung der Unternehmensführung.
Strategische Unternehmensführung ist die Art zu führen, die sich den Komponenten der Führung, angesichts der wachsenden Anforderungen, Bedingungen, Flexibilität und den konzeptionellen Führungsinstrumentarien, stellen muss.

Daraus ergeben sich die Fragen:

- Welches sind denn im Konkreten die neuen Herausforderungen?
- Was muss ein Unternehmen mit seiner Führungsmannschaft tun, um dieser neuen Herausforderung gerecht zu werden?
- Welche Potentiale stehen im Vordergrund der Unternehmensführung?

Genau darauf versucht der Autor eine Antwort zu geben.

An vielen Praxisbeispielen, Tipps und Lösungsansätzen wird in diesem Buch versucht, auf ausgewählte relevante Fragen zu Quellen der substantiellen Stabilität, die auch als Kernpotentiale bezeichnet werden, die entsprechenden Antworten zu geben.

Folgende Einzellfragen werden im vorliegenden Buch gestellt und beantwortet:

- ▶ Auf welche Kernpotentiale sollte sich die Unternehmensführung konzentrieren?

- ▶ Wie können die Mitarbeiter als wichtigstes Kernpotential mit ihren Fähigkeiten und Erfahrungen in das Unternehmen eingebunden werden und wie kann ihr Denken und Handeln durch mehr Motivation, Begeisterung und Arbeitszufriedenheit stimuliert werden?

- ▶ In welchen Geschäfts- und Produktbereichen gibt es sowohl aus operativer als auch aus strategischer Sicht die größten Chancen für die gegenwärtige und künftige optimale Gewinnerwirtschaftung?

- ▶ In welchen Teilbereichen rentieren sich zukunftsorientierte Investitionen, die neben der Produkt- und Marktführerschaft eine hohe Rendite gewährleisten?

- ▶ Wie kann die Kundenorientierung und Kundenzufriedenheit weiter verbessert werden, welche Reserven und Chancen gilt es zu erschließen, um einen weiteren Umsatzschub zu erreichen?

- ▶ In welchen Funktions-, Struktur-, Leistungs- und Kostenbereichen liegen die größten Reserven für eine weitere Kostensenkung und eine Gewinnmaximierung?

- ▶ Wie kann ein erfolgreiches Krisenmanagement Krisen rechtzeitig erkennen, vorbeugen und gegensteuern?

- ▶ Warum benötigt die Unternehmensführung ein modernes und unternehmensspezifisches operatives Controlling und welche Steuerungsinstrumente tragen dazu bei, rechtzeitig Planabweichungen zu erkennen und diese durch Maßnahmen auszugleichen?

Diese und weitere Fragen werden in diesem Buch angesprochen und praxislösend beantwortet.

Ich wünsche Ihnen für die praktische Umsetzung viel Erfolg.

1. Kernpotentiale im Zentrum der Unternehmensführung

Bei der wertorientierten wirksamen Umsetzung der Kernpotentiale geht es als erstes darum, alle unternehmerischen Möglichkeiten, so z.B.: die Prozesse, die Technologien, die Innovation, das Know-how und die Fähigkeitspotentiale der Mitarbeiter zu nutzen, um zu den führenden Wettbewerbern zu gehören. Sie sind umso effizienter, je besser diese Geschäfts-, Prozess- und Ressourcenübergreifend gebündelt werden.

Zum zweiten sind Kernpotentiale strategisch verstandene Geschäftsprozesse, weil diese den Kunden den entscheidenden Kaufwert bringen.
Um die Strategie der Kernpotentiale genauer zu fixieren, ist eine Unternehmensanalyse unumgänglich. Hierbei geht es darum zu analysieren, welche Potentiale das Unternehmen in Hinblick auf die spezifischen Stärken und Schwächen hat und welche Strategien noch erforderlich sind, um den stärksten Konkurrenten in dem betreffenden Marktsegment zu „schlagen".

Kernpotentiale zu analysieren und immer wieder aufs Neue zu definieren, ist keine einmalige Angelegenheit. Es ist ein Prozess, der sich permanent an den neuen Markbedingungen und an den Anforderungen und Ansprüchen der Kunden orientieren muss.

Im Zusammenhang mit der Analyse und dem Strategievorhaben zu vorhandenen und zu neu etablierenden Kernpotentialen sollte immer wieder von der Geschäftsleitung und der beteiligten Mitarbeiter folgende Fragen gestellt und beantwortet werden:

- Welche Geschäftseinheiten bilden zur Zeit die Säulen für die höchste Gewinnerwirtschaftung und wie sollten diese aus strategischer Sicht weiter ausgebaut werden?

- Welche Geschäftseinheiten haben nur ein geringes Wertschöpfungspotential, die entweder verkauft oder geschlossen werden sollten?

- Welche Produkte/Dienstleistungen bringen die höchste Wertschöpfung und wie könnten diese aus strategischer Sicht weiter ausgebaut werden, so z.B. durch: Ressourcenvorsprung, Qualitätsvorsprung, Wettbewerbsvorsprung oder auch durch die Einmaligkeit des Produktes / der Dienstleistung?

- Welche Produkte oder Produkteinheiten haben eine gute Resonanz auf den Käufermarkt und wie kann die Nachfrage ausgebaut und strategisch sicher gemacht werden, so z.B. durch: bessere Kundenorientierung, Kundenservice, Kundenzufriedenheit?
  Ausführliche Informationen dazu im **Kapitel 4**.

- Gibt es Marktnischen im Umkreis Ihres Unternehmens und wie können diese erschlossen und belegt werden und zwar unter dem Gesichtspunkt des strategischen Geschäftserfolges?

- Welche Methoden und Strategien führen zur Marktführerschaft und welches Know-how, welche Innovation und welche zukunftsorientierten Investitionen sind notwendig, um dieses Zielvorhaben mit Erfolg voranzutreiben?
  Ausführliche Informationen dazu im **Kapitel 6**.

- Wie ist der Stand der Kundenorientierung und Kundenzufriedenheit und welche Maßnahmen sind notwendig, um diese Kernpotentiale im Sinne der Absatzsteigerung und der Mehrwertschöpfung weiter auszubauen?
  Ausführliche Informationen dazu im **Kapitel 4**.

- Wie können die Kernpotentiale, Kostensenkung und Gewinnsteigerung optimiert werden und welche Möglichkeiten sollten auf operativer und strategischer Geschäftsebene angesteuert und umgesetzt werden?
  Ausführliche Informationen dazu im **Kapitel 8**.

- Wie kann das Mitarbeiterpotential mit ihren Fähigkeiten, Erfahrungen, Leistungsvermögen und Mobilität noch besser und erfolgreicher als das wichtigste Kernpotential des Unternehmens genutzt und gefördert werden und welche Reserven und Möglichkeiten gibt es, diese zu aktivieren und voll auszuschöpfen?
  Ausführliche Informationen dazu im **Kapitel 2**.

- Wie kann das Krisenmanagement dazu beitragen, dass Krisen nicht den Untergang für das Unternehmen einläuten, sondern als Anzeichen von Fehlsteuerungen, die durch eine entsprechende Handlungskonzeption behoben werden können?
  Wichtig dabei ist, dass eine Krise rechtzeitig erkannt und sofort von dem Krisenmanagement gegengesteuert wird.
  Ausführliche Informationen dazu im **Kapitel 3**.

- Wie funktionstüchtig ist das Überwachungs- und Controllingsystem des Unternehmens und welche Defizite gibt es noch z.B. in der Aufnahme und Weiterleitung von Informationen an die Entscheidungsträger über relevante Fragen und Problemen der operativen Geschäftsprozesse?
  Ausführliche Informationen zu den Steuerungsinstrumenten des Leitungsmanagements und zu den anderen Fragen sind aus dem **Kapitel 9** zu entnehmen.

2. Motivierte und zufriedene Mitarbeiter halten das Unternehmen fit

2.1 Motivationseffekt

Arbeitsklima, Motivation und Arbeitszufriedenheit stehen unmittelbar im Konnex. Sie sind primär eine Frage des Führungsstils eines Unternehmens.
Nationale und internationale Untersuchungen bestätigen diese These, indem die Unternehmensführung ihren größten Erfolg und ihr wichtigstes Kapital im Potenzial ihrer Mitarbeiter sieht. Die mit Erfolg gekrönten Unternehmen haben erkannt und bewiesen, dass sie nur gemeinsam mit ihren Mitarbeitern, deren Kenntnisse, Engagement und Einfallsreichtum für die Entwicklung und den Einsatz neuer Technologien neuer Produkte etc. die Markführerschaft behaupten oder mitbestimmen können.
Auch einige kleine und mittlere Unternehmen bestätigen die These, dass motivierte und arbeitszufriedene Mitarbeiter bessere Arbeit leisten, weniger krank sind, Freude an der Arbeit haben, mit dem Unternehmen eng verbunden sind und nicht zuletzt eine kundenfreundliche Haltung einnehmen. Der überwiegende Teil der Unternehmen hat eine andere Einstellung und Haltung gegenüber ihren Mitarbeitern.
Oft geht der Auftrag von der Unternehmensleitung an die Mitarbeiter: „Gehen Sie motiviert an Ihre Arbeit.“; oder „Erledigen Sie Ihre Arbeit so, dass der Kunde begeistert und zufrieden ist.“; oder von der unteren Leitungsebene hört man oft den Auftrag an den Vorarbeiter oder Meister: „Motivieren Sie Ihre Leute besser!“
Die Praxis spricht dagegen eine andere Sprache und besagt, dass derartige Aufträge oder Befehle indolent und wirkungslos sind. Einstellungen, Haltung und Handlungen können nicht aufgezwungen werden. Sie können nur durch die Schaffung von inneren und äußeren Überzeugungen, Bedingungen und Voraussetzungen angeregt und entwickelt werden.

Die wichtigsten Wirkungsmechanismen der Motivation hängen im wesentlichen von drei wichtigen Faktoren ab:

1. von der positiven Einstellung und Haltung der Mitarbeiter zu sich selbst und zum Unternehmen
2. von der Befriedigung der Bedürfnisse der Beschäftigten
3. von der mitarbeiterbezogenen Beziehungs- und Führungsqualität

Alle drei Faktoren sind eng miteinander verknüpft, wobei die inneren Triebfelder der Motivation die primäre Rolle und Bedeutung in der Umsetzung und der Wirkung der Motivation auf die Mitarbeiter einnehmen.
Während die äußere Motivation eine Änderung des Verhaltens zum Ziel hat, geht es dagegen bei der inneren Motivation um die Einstellung der Mitarbeiter zu sich selbst, zur Arbeit und zum Unternehmen.

Da von der inneren Einstellung des Mitarbeiters sich sein Verhalten entwickelt, ist es um so wichtiger, hier die wirksamen Impulse von Seiten der Unternehmensleitung zu setzen, mit dem Ziel, die Mitarbeiter anzuspornen und zu motivieren, eine positive innere Einstellung und Haltung zu sich selbst und zur Arbeit einzunehmen.
Damit wäre das eigentliche Ziel, gute Arbeit zu leisten und sich mit dem Unternehmen zu identifizieren, sowie das Image würdig nach außen zu vertreten, erfüllt.
Dazu sind aber wichtige Bedingungen, Vorraussetzungen und Einflussgrößen zu schaffen, die diesen Motivationsprozess unterstützen und weiter vorantreiben.

Die Motivationspsychologie im Unternehmen zeigt sich zum einem in der Motivation der Mitarbeiter für eine positive Einstellung zur Arbeit und zum anderen in der Befriedigung der Bedürfnisse der Beschäftigten.
Die Motivation der Mitarbeiter ist insbesondere aus der Sicht des Konkurrenzkampfes und der schlechten Konjunkturlage eines der Hauptprobleme der Unternehmensführung geworden. Erfahrungen der Vergangenheit und der Gegenwart beweisen, dass motivierte Mitarbeiter weitaus besser in die Lage versetzt werden:

- mehr Verantwortung zu übernehmen
- positive Einstellung zur Arbeit zu haben
- hohe Leistungen zu vollbringen
- gute Qualitätsarbeit zu leisten und
- das Image des Unternehmens positiv zu vertreten.

Der Leitsatz der Unternehmensleitung sollte deshalb lauten, nicht durch Disziplin und Gehorsam das Verhalten der Mitarbeiter zum Erziehungsziel zu machen, sondern vielmehr durch eigene Vorbildwirkung, durch Begeisterung und durch kooperatives Verhalten auf die Mitarbeiter Einfluss zu nehmen. Nur dann gelingt es, das Verhalten der Mitarbeiter im Sinne der Unternehmungsziele zu steuern.

<u>Fazit:</u> Nur ein begeisterter und motivierter Vorgesetzter kann Vorbild sein und sein Team begeistern und motivieren, wenn er auf die Bedürfnisse, Interessen und Motive am Arbeitsplatz eingeht und diese im Handeln umsetzt.

Aus dieser Erkenntnis heraus ergeben sich wichtige Ansätze für die Lösung von Problemen im Motivationsmanagement eines Unternehmens.

<u>Hier sollten die wichtigsten genannt werden:</u>

1. Die Vorgesetzten im Unternehmen sollten Vorbildwirkung ausstrahlen und möglichst hoch motiviert sein. Wenn das der Fall ist, springt auch der Funke auf die Mitarbeiter über. Sie werden motiviert und engagiert.

2. Es gilt, die Arbeitszufriedenheit der jeweiligen Mitarbeiter zu ermitteln, um damit anstehende Fragen und Probleme des Unternehmens zu lösen und gleichzeitig materielle und moralische Anreize zu schaffen, die den Interessen entgegenkommen und dem Verhalten der Mitarbeiter neuen Aufschwung verleihen.
   Im Mittelpunkt dabei steht eine bessere Identifizierung der Mitarbeiter mit dem Unternehmen, damit die persönlichen Ziele und Interessen mit denen des Unternehmens abgestimmt und in Übereinstimmung gebracht werden.

3. Zeigen Sie als Unternehmensleitung Ihren Mitarbeitern, dass sie geschätzt werden. Arbeiten sie mit Lob und Anerkennung. Kleine Aufmerksamkeiten, Gratulationen und Geschenke zu besonderen Anlässen wie Geburtstage, Jubiläen etc. spornen Ihre Mitarbeiter an und motivieren zu Höchstleistungen.

4. Die Mitarbeiter sollten in bestimmten, möglichst regelmäßigen Abständen über Ergebnisse, Probleme und anstehende Umstrukturierung und andere Maßnahmen informiert und in Entscheidungsprozesse einbezogen werden. Dadurch werden Mitbestimmung, Eigeninitiative, Vertrauen und Arbeitsmoral geweckt und gestärkt.

5. Es ist von außerordentlicher Bedeutung, wenn den Mitarbeitern von seiten der Unternehmensleitung Freiräume für eigenverantwortliches Handeln und Autonomie für eigene Entscheidungen, im Rahmen der Zielvorgaben gewährt werden. Denn Streben nach Selbstverwirklichung jedes einzelnen ist eines der wichtigsten Prinzipien. Damit werden auch gleichzeitig die Triebkräfte der vollen Entfaltung der persönlichen Fähigkeiten, Fertigkeiten und Eigeninitiative der Mitarbeiter aktiviert, die letztlich für das Unternehmen von außerordentlicher psychologischer und ökonomischer Bedeutung sind.

6. Neben den bereits erwähnten Motivationsparametern ist eine aktive Pflege und Förderung des Unternehmensklimas von hoher Relevanz.

   Dazu zählen:
   - ehrlicher und vertrauensvoller Umgang mit- und untereinander
   - Schaffung einer offenen und hilfsbereiten Zusammenarbeit der Leitung des Unternehmens mit den Mitarbeitern
   - regelmäßige Analyse der Arbeitszufriedenheit der Mitarbeiter, insbesondere der Probleme am Arbeitsplatz und im privatem Bereich
   - Einhaltung von Versprechungen, Absprachen und Zusagen im Arbeitsprozess selbst, in der Lohnpolitik, der moralischen Stimulierung, der persönlichen Entwicklung und anderen Schwerpunktaufgaben
   - funktionierende Kommunikationswege zum Unternehmen, die im Qualitätsmanagementsystem festgeschrieben sind

7. Ein weiteres Motivationselement ist die gezielte umfassende Wahrnehmung der Unternehmensleitung für eine bessere Nutzung des Potentials von Wissen, Können und Fähigkeiten der Mitarbeiter. Dabei sollte überprüft werden, wer von den Mitarbeitern überfordert und wer unterfordert ist.
   Denn Überforderung führt letztlich zur Demotivation, Unterforderung Dagegen zur Unzufriedenheit und eingeschränktem Freiraum für die Entfaltungsmöglichkeiten im Sinne der Nutzung von vorhandenem qualitativen und quantitativen Leistungsvermögen der Mitarbeiter.
   Weiterhin ist es auch wichtig, Möglichkeiten für eine weitere Qualifizierung der Mitarbeiter zu schaffen. Diese sollte gezielt und in Übereinstimmung mit dem Mitarbeiter geplant und verbessert werden.
   Von Bedeutung sind dabei:

   a) die innerbetrieblichen Qualifizierung, wie:
      - Erfahrungsaustausch, Erfahrungsvermittlung
      - Ideen- und Innovationskonferenzen
      - Nutzung überbetrieblicher Erfahrungen
      - Förderung der Selbstfortbildung

   b) die außerbetriebliche Weiterbildung, wie:
      - Sicherung des Nachwuchses über Lehrlingsausbildung
      - Arbeitsplatzbezogene Aneignung von Wissen und Fähigkeiten über die Weiterbildung
      - Nachwuchsausbildung für Leitungsfunktionen entsprechend dem vorgesehenen Einsatz
      - spezifische Kundenberaterweiterbildung entsprechend des Einsatzes vor Ort
      - Nutzung von Exkursionen, Ausstellungen, Messen für die Kenntniserweiterung

2.2 Ergebnisfaktor Mitarbeiterzufriedenheit

Die Mitarbeiterzufriedenheit eines Unternehmens hat auch einen großen Einfluss auf den persönlichen Kontakt zum Kunden. Sind die Mitarbeiter von ihrem Unternehmen begeistert und motiviert, geben sie diese Begeisterung und Motivation durch Hilfsbereitschaft, Freundlichkeit und fachliche Kompetenz an die Kunden weiter. Steht hinter dieser Begeisterung und Motivation auch die Produktqualität des Unternehmens, dann fällt es dem Kunden leicht, sich für dieses Unternehmen zu entscheiden.
Er ist überzeugt von der Einheit der Mitarbeiterzufriedenheit und der Produktqualität. Damit ergibt sich eine enge Wechselbeziehung zwischen Arbeitszufriedenheit der Mitarbeiter und der Kundenzufriedenheit.
Die Umsetzung dieser Beziehungsprozesse im Denken und Handeln der

Unternehmensleitung stellt eine der wichtigsten Ressourcen des Unternehmens dar.

Da die Mitarbeiterzufriedenheit als wichtiger Motivationsfaktor einen dominierenden Platz im Unternehmen einnimmt, sollten in regelmäßigen Abständen schriftliche Umfragen oder Belegschaftsversammlungen oder Workshops zur Mitarbeiterzufriedenheit durchgeführt werden. Diese Umfragen versetzen die Unternehmensleitung in die Lage, den Prozess der Meinungsbildung in ihrem Unternehmen zu erforschen und entsprechend zu reagieren. Aus den Umfragen können die Meinungen detailliert erfasst, ausgewertet und entsprechende Schlussfolgerungen abgeleitet werden.

Folgendes Modellbeispiel soll helfen, Befragungen in einem Unternehmen durchzuführen. Die Fragestellungen sind auf aktuelle und problemorientierte Schwerpunkte gerichtet. Das Befragungsmodell ist methodisch disponiert aufgebaut und recht einfach in der Auswertung.
Die Bewertung der Fragen von Seiten der Befragten wird in folgende 4 Skalen festgelegt:

Skala 1 (sehr gut)
Skala 2 (gut)
Skala 3 (weniger gut)
Skala 4 (schlecht)

Jede Fragestellung wird von den Befragten nur einmal mit einem X in die jeweiligen Skalenfelder eingetragen. Bei der Auswertung der Befragung wird dann der Durchschnittswert ermittelt, nach dem die einzelnen Skalenwerte durch die Anzahl der Befragungsteilnehmer dividiert werden.

Der Skalendurchschnitt ist nur ein Mittel für die Vergleichbarkeit innerhalb von Abteilungen/Bereichen, aber auch zu anderen Unternehmen.
Da dieser noch nichts Konkretes zu einzelnen Problembereichen im Unternehmen aussagt, sollten die einzelnen Fragen in ihrer Bewertung und Wichtung näher beleuchtet werden. Dadurch wird die Unternehmensleitung besser in die Lage versetzt (wenn z.B. ein großer Anteil der Bewertung in der Skala 3 oder 4 angekreuzt wurde), differenzierte Einschätzungen vorzunehmen und gleichzeitig Maßnahmen einzuleiten, um die Arbeitszufriedenheit im jeweiligen Problem- und Befragungsbereich zu verbessern.

Die Bewertung der Fragen von Seiten der Befragten wird in folgende 4 Skalen festgelegt: Skala 1 (sehr gut)
Skala 2 (gut)
Skala 3 (weniger gut)
Skala 4 (schlecht)
Kurze v.B. = Kurze verbale Bewertung der Einzelfragen

Fragestellungen:	Bewertung: nur einmal X				
	Skala 1	Skala 2	Skala 3	Skala 4	Kurze v.B.
1. Befriedigt Sie die derzeitige Arbeitsaufgabe (Arbeitsinhalt)?					
2. Wird Ihre Tätigkeit von der Unternehmensleitung anerkannt (z.B. Lob, Prämie etc.)?					
3. Wie bewerten Sie Ihr eigenverantwortliches Handeln?					
4. Sind Sie in Ihrer Tätigkeit überfordert?					
5. Sind Sie in Ihrer Tätigkeit unterfordert?					
6. Wie schätzen Sie derzeitig die zwischenmenschlichen Beziehungen ein?					
7. Wie ist die Teamarbeit ausgeprägt? (Kollektive Zusammenarbeit)					
8. Wird Ihnen die Möglichkeit der eigenen und betrieblichen Weiterbildung eingeräumt?					
9. Gibt es Übereinstimmungen zwischen persönlichen und betrieblichen Interessen?					
10. Wie werden Konflikte gelöst?					
11. Werden Ihre Ideen und Vorschläge gehört und anerkannt?					

12. Werden Sie von der Unternehmensleitung regelmäßig über anstehende Probleme und Fragen informiert (z.B. über Umstrukturierung, über Finanzierungsprobleme)?					
13. Werden Sie in wichtige Entscheidungsprozesse der Unternehmungsleitung einbezogen?					
14. Schätzen Sie Ihren Arbeitsplatz als sicher ein?					
15. Ist Ihre Leistung dem Verdienst (Lohn) angepasst?					
16. Wie ist die Fachkompetenz Ihres Vorgesetzten?					
17. Wie ist die Vorbildwirkung der Unternehmensleitung gegenüber den Mitarbeitern?					

<u>Hinweis:</u> Von den Teilnehmern wird nur einmal die Beantwortung der Frage

angekreuzt = X,	Skala 1, mit der Note 1	oder Skala 2, mit der Note 2	oder Skala 3, mit der Note 3	oder Skala 4. mit der Note 4

<u>Beispiel für die Auswertung einer Befragung</u>

20 Mitarbeiter des Unternehmens nahmen an der Befragung teil. Es waren 17 Fragen zu beantworten.

Die 17 Fragen wurden von den 20 Mitarbeitern wie folgt bewertet:

Mitarbeiterbefragungen (= die Anzahl der bewerteten Fragen von 1-17)

40 Mitarbeiterbefragungen mit der Note 1
100 Mitarbeiterbefragungen mit der Note 2
160 Mitarbeiterbefragungen mit der Note 3
40 Mitarbeiterbefragungen mit der Note 4

Die Anzahl der Mitarbeiterberfragungen werden anschließend mit dem Skalenwert multipliziert.

Die Anzahl der Mitarbeiterbefragungen = 40 x dem Skalenwert 1 = 40
Die Anzahl der Mitarbeiterbefragungen = 100 x dem Skalenwert 2 = 200
Die Anzahl der Mitarbeiterbefragungen = 160 x dem Skalenwert 3 = 480
Die Anzahl der Mitarbeiterbefragungen = 40 x dem Skalenwert 4 = 160
Gesamt: Mitarbeiterfragen = 340 Gesamtwert = 880

Danach werden die Gesamtskalenwerte durch die gesamte Anzahl der Mitarbeiterfragen dividiert.

$$\frac{880}{340} = 2{,}59$$

Der Durchschnitt- bzw. Mittelwert beträgt 2,59 = ein zufriedenstellender Mittelwert

Möchte man den Durchschnittswert einer Fragestellung ermitteln, die z.B. schlechter bewertet wurde, dann sind die Skalenwerte der befragten Mitarbeiter zu multiplizieren und durch die Anzahl der befragten Mitarbeiter (20) zu dividieren.

Beispiel: Fragestellung 1

4 Mitarbeiter bewerten die Frage mit der Skala 2 = 8
10 Mitarbeiter bewerten die Frage mit der Skala 3 = 30
6 Mitarbeiter bewerten die Frage mit der Skala 4 = 24
20 = Gesamtzahl der befragten Mitarbeiter 62 = der Gesamtwert

$$\text{Ermittlung des Durchschnittswertes} = \frac{62}{20} = 3{,}10$$

3,10 = ein befriedigender Durchschnittswert.

Die Ergebnisse der Mitarbeiterbefragungen sind in diesem Fall als befriedigend zu beurteilen.
Der überwiegende Anteil der befragten Mitarbeiter hat die Fragen mit den Noten 2 und 3 bewertet. Wichtig für die Unternehmensleitung ist es, den Teil der Mitarbeiter genauer zu analysieren, die mit der Note 3 und 4 die Fragen bewertet haben. Dazu sollten die einzelnen Fragen, unter Berücksichtigung der verbalen Bewertung, genau analysiert und ausgewertet werden.

Durch diese Methode der Analyse und Auswertungen können genaue Aufschlüsse gegeben werden, wo noch Schwachstellen vorhanden sind, die in Zusammenarbeit mit der Leitung des Unternehmens und den Mitarbeitern aufgedeckt und beseitigt werden sollten.
Die Diskussionen darüber sollten mitarbeiterfreundlich und problemlösend geführt werden.
Wird das Ziel im Sinne der Mitarbeiterzufriedenheit erreicht, kann mit einem weiteren Anstieg der motivierten und begeisterten Mitarbeiter gerechnet werden.

Abschließend noch einmal in einer graphischen Darstellung die Zusammenfassung der Einflussgrößen auf die Motivation und Mitarbeiterzufriedenheit.

1. Darstellung: Einflussgrößen von der Unternehmensleitung

▼

Wertschätzung des Mitarbeiters als gleichberechtigten Menschen im Umgang, im Verhalten, in der Anerkennung und in der Beteiligung an Entscheidungsprozessen

▼

Gewährleistung sozialer Geborgenheit im Unternehmen

▼

Forderung und Förderung von Erfolgserlebnissen und deren Stimulierung

▼

Schaffung von Freiräumen für die Eigenverantwortung in der Auftragsrealisierung

▼

gemeinsame Vereinbarung von Zielstellungen

▼

Schaffung von Vorraussetzungen für ein angenehmes soziales und kollektiv- und teambezogenes Betriebsklima

▼

Vertrauen in das Unternehmen schaffen

▼

überschaubare und abgegrenzte Aufgabenverteilung schaffen

▼

Forderung und Förderung von Qualifizierungsmaßnahmen

▼

regelmäßige mitarbeitergerechte Informationen über Ergebnisse, Probleme und Strategien des Unternehmens

▼

Einbeziehung des Mitarbeiters in wichtige Entscheidungsprozesse

▼

gemeinsame Suche nach Fehlerquellen, z.B. im Qualitätsmanagement

▼

Schaffung von Leistungsanreizen und deren Stimulierung

▼

Vorbildwirkung durch die Unternehmensleitung in Wort und Tat, in der Einhaltung von Versprechen, in der Einstellung und im Verhalten zu sich selbst und zu den Mitarbeitern

▼

gerechtfertigte Lohnverhältnisse im Zusammenhang mit dem Leistungsprinzip

▼

Gewinnbeteiligung und sonstige persönliche Vergünstigungen entsprechend dem Leistungsergebnis des jeweiligen Mitarbeiters und dem Leistungsergebnis des Unternehmens

▼

Schaffung optimaler Arbeits- und Lebensbedingungen

2. Darstellung:

Einflussgrößen von den Mitarbeitern

▼

positive Grundeinstellung, verbunden mit innerer Überzeugung zu sich selbst, zur Arbeit und zum Unternehmen

▼

zielstrebig und ehrgeizig die Aufgaben erfüllen

▼

flexibel und motiviert die Arbeit erledigen

▼

Anpassungsfähigkeit und ein ausgeprägtes Gruppenverhalten im täglichen Umgang mit Arbeitskollegen praktizieren

▼

sich täglich den neuen Anforderungen stellen

▼

bereit sein, Eigenverantwortung zu übernehmen und Selbständigkeit zu praktizieren

▼

das Image des Unternehmens und das eigene Image vorbildlich nach innen und nach außen durch eigene Qualitätsleistung repräsentieren

▼

sich permanent den neuen Anforderungen durch eigene und fremde Wissensaneignung stellen

2.3 Beispiel eines Unternehmens zur Stimulierung der Motivation und Mitarbeiterzufriedenheit

Dazu ein Auszug aus dem Buch
„Begeisterte und kompetente Kundenberatung“, Kapitel 3, erschienen im Shaker-Verlag 2004.

Hier wird am Beispiel eines mittleren Unternehmens aus Bayern demonstriert, wie die Unternehmensleitung ihre Mitarbeiter motiviert und zur Begeisterung anregt. Mit dieser Einstellung konnte das Unternehmen seinen Erfolgskurs kontinuierlich fortsetzen.

Hier der Auszug:
Es ist immer dasselbe, ist der Firmenchef nicht motiviert und kann er keine Begeisterung auf die Mitarbeiter übertragen, bleibt auch die Begeisterung der Mitarbeiter aus.
Auch kann man immer wieder beobachten, dass Führungskräfte in einer Firma zwar oft ausgezeichnete Fachkräfte sind, aber wenn es darum geht, Mitarbeiter zu begeistern, dann kommt einfach nichts rüber, was motivieren und begeistern könnte. Den größten Fehler begehen Führungskräfte oft dadurch, dass sie ihre Untergebenen mit Überheblichkeit bzw. mit Arroganz behandeln. Nach dem Motto, hier bin ich, dann kommt lange nichts, erst dann kommen die lästigen Mitarbeiter.
Diese Situation tritt besonders dann auf, wenn Angestellte plötzlich in eine gehobene Position gelangen und nun mehrere Mitarbeiter unter ihrer Führung stehen. Es ist so wie im normalen Leben auch, Sie müssen immer zuerst das Herz ihrer Mitarbeiter gewinnen, damit auch eine Begeisterung ausgelöst werden kann.

Liebe Chefs und Vorgesetzte, Sie verlangen von ihren Mitarbeiter höchsten Einsatz zum Wohle des Unternehmens. Aber dieser verlangte Einsatz kann nur auf Dauer gefördert werden, wenn gerade Sie in jeder Beziehung ein Vorbild sind. Sie brauchen keinen Schmusekurs fahren, um Ihre Mitarbeiter zu motivieren, sondern einfach nur ein paar goldene Regeln beachten, die Ihnen Ihre Führungsaufgaben enorm erleichtern werden.
Denken Sie immer daran, dass Sie mit Menschen arbeiten, die auch wie Menschen reagieren. Gerade weil Menschen besonders über Gefühle ansprechbar sind, müssen Sie sich diese Eigenschaft zunutze machen und auf diese Weise ihre Mitarbeiter ständig stimulieren.
Eines der wichtigsten Instrumente für die Mitarbeiterführung ist wieder einmal ein nettes, ehrliches Lächeln. Es fällt doch gar nicht schwer, wenn Sie täglich zu Ihren Mitarbeitern ein paar nette, ernst gemeinte Worte sagen. Es gibt so viele Kleinigkeiten, die man mit zwei, drei Sätzen ansprechen kann. Bevor Sie lospoltern, weil gerade mal wieder ein Fehler passiert ist oder etwas nicht so gelaufen ist, wie Sie es sich vorgestellt haben, schalten Sie Ihren Verstand ein. Überlegen Sie einfach erst einmal die Worte, die Sie wählen werden, um Ihren Unmut los zu werden.

Lospoltern und die Leute beschimpfen ist immer die einfachste Art, um sich abzureagieren. Denken Sie daran, reagieren Sie immer anders, als es von Ihren Mitarbeitern erwartet wird. Selbstverständlich können Sie kein Lob aussprechen, wenn eine Sache durch einen Mitarbeiter versiebt wurde. Aber es gibt bestimmt positive Punkte, wo Ihr Mitarbeiter schon seinen guten Willen gezeigt hat und es nur noch an der Umsetzung fehlte. Sagen Sie doch Ihrem Mitarbeiter, was Sie für gut befinden, indem Sie erst einmal ein Lob aussprechen.
Anschließend sagen Sie: „Aber ich kann es einfach nicht verstehen, weshalb Sie dies oder jenes so gemacht haben". Geben Sie jedem eine Gelegenheit, sich zu rechtfertigen und fragen Sie zwischendurch mit dem einfachen Wort „warum".
Warum haben sie das so gemacht oder meinen Sie nicht auch, dass es besser gewesen wäre, wenn Sie es so oder so gemacht hätten. Lassen Sie unbedingt bei der negativen Kritik eine Tür offen, um gerade hier noch eine positive Wendung Ihres Mitarbeiters zu erlangen.
Glauben Sie mir, es hat Sie zwar eine gewisse Selbstüberwindung gekostet, hier den ruhigen Vorgesetzten zu spielen, obwohl Sie innerlich vor Wut kochten, aber denken Sie mal zurück an die Zeit, wo Sie selbst noch Angestellter waren. Wären Sie nicht auch dankbar gewesen, wenn Ihr Chef mit Ihnen so argumentiert hätte und Ihnen dadurch die faire Möglichkeit gegeben hätte, aus dem gemachten Fehler noch das Beste zu machen und diesen Fehler für die Zukunft abzustellen.
Bestimmt kommen jetzt einige Erinnerungen, wo Sie froh gewesen wären, wenn es so abgelaufen wäre und Sie nicht als Trottel der Firma dagestanden hätten. Umgekehrt wären Sie bestimmt besser motiviert gewesen, den Fehler abzustellen und hätten alles darangelegt, Ihre positive Energie für den Chef weiter einzusetzen.
Das heißt nicht, dass Sie plötzlich alles für gut befinden sollen, was eigentlich schlecht ist. Nein, Sie haben nur an der Umsetzung Ihrer Wünsche gegenüber Ihren Mitarbeitern gearbeitet und haben mit geringem Aufwand Ihr Image gegenüber Ihren Mitarbeitern verbessert.
Fragen Sie auch mal Ihre Mitarbeiter nach deren Vorstellungen, wie ein Problem zu lösen wäre. Dabei sind schon tolle Ergebnisse erzielt worden, die keinen einzigen Euro gekostet haben und doch den Betriebsablauf und die Arbeitsmotivation verbessern konnten.
Auch Mitarbeiter, die ganz unten stehen, brauchen einmal ein gutes Wort vom Chef, sie werden es Ihnen danken, indem sie sich selbst positiv motivieren und begeistern. Behandeln Sie einen Menschen als Mensch und sprechen Sie immer das Unterbewusstsein der Gefühle an. Sie ernten dafür Dank und Vertrauen und einen positiven Einsatz Ihrer Mitarbeiter.
Auch wenn Ihre Arbeit schwer ist und Sie eigentlich keine Zeit haben für Motivationsgespräche, versuchen Sie einfach täglich, mit jedem Mitarbeiter, der Ihnen über den Weg läuft, ein paar nette unverbindliche Worte zu wechseln. Geben Sie jedem das Gefühl, dass er für Sie wichtig ist und sagen Sie Ihren Mitarbeitern auch einmal, dass Sie froh sind, dass sie in Ihrer Firma arbeiten.
Wenn Sie so etwas sagen, schauen Sie Ihren Mitarbeitern dabei in die Augen, damit sie merken, dass Sie auch meinen, was Sie sagen.

3. Erfolgreiches Krisenmanagement – mehr Sicherheit für das Unternehmen

Erfolgreiches Krisenmanagement findet seinen Ausdruck nicht nur in der Finanzstärke, sondern auch in optimal abgestimmten Unternehmensprozessen, die ein klares Verständnis des wirtschaftlichen Umfeldes über Chancen und Risiken für das Unternehmen beinhalten, um schnell und flexibel auf künftige wirtschaftliche Veränderungen reagieren zu können. Dazu sollte bereits vorbeugend ein Risikostrategiekonzept vorliegen, wie man mit welchen Mitteln und Methoden Krisen entgegensteuern kann.
Dieses Risikostrategiekonzept sollte so angelegt sein, dass es gar nicht erst zum Ausbruch einer Krise kommen kann.

Im Mittelpunkt dieses Risikostrategiekonzeptes sollten folgende Vorbeugungsmaßnahmen installiert sein:

- Ein strategisch- vorausschauendes und entschlossenes Handeln durch die Unternehmensführung (Managementstrategie)
- Schaffung eines finanziellen Reservefonds für unvorhergesehene Risiken (Risikoreserve)
- Permanenter Plan-Ist-Vergleich zur finanziellen und materiellen Planerfüllung (Risikoüberwachung)
- Sofortige Einleitung von Maßnahmen bei Planabweichungen (Risikobewältigung)
- Ständige Beobachtung der eigenen Marktpositionen und deren Trendentwicklungen (Risikotrend)

Werden Krisenvorbeugungen von der Unternehmensführung nicht ernst genommen oder ignoriert, weil die Bilanz des Unternehmens zur Zeit noch gut ist, kann sich diese positive Bilanz recht schnell ändern, wenn es z.B. zur Ab- und Umsatzkrise kommt, weil ein massiver Kundenrückgang zu verzeichnen ist oder neue Mitbewerber preisgünstigere Produkte anbieten und verkaufen.
Wird in diesem Fall nicht schnell gehandelt und ist keine finanzielle Reserve für die Überbrückung dieser Risikosituation vorhanden, dann droht die Unternehmenskrise.
Wie Risiken die Unternehmensexistenz bedrohen und zur Krise führen können, dazu einige ausgewählte Risikofaktoren:

- falsches oder nicht rechtzeitiges Reagieren auf Konjunktur- und Marktveränderungen
- ungenügende Wahrnehmung der Verantwortungspflicht für die Überwachungs-, Steuerungs- und Kontrolltätigkeit durch die Unternehmensführung
- Konzentration auf Kernpotenzen und Fokussierung auf profitable Produkte kamen nicht zum Tragen
- Fehlinvestitionen durch mangelnde Strategieoptionen und falsche Markteinschätzung

- Zunahme der Konkurrenzunternehmen
- hohe Forderungsausfälle gegenüber den Abnehmern
- schrumpfendes Eigenkapital
- Ausfall von Abnehmern und Lieferanten
- kurzfristige Verbindlichkeiten übersteigen das Umlaufvermögen
- Kosten steigen schneller als der Umsatz
- Produktpreise werden ständig nach unten angepasst
- massiver Gewinnrückgang durch fehlenden Umsatz
- unzureichendes Rechnungswesen
- Unzufriedenheit und Abwanderung langjähriger Stammkunden
- kein Neukundenzugang

Hier eine Kurzfassung von der Risikoentwicklung bis zur Insolvenz

Potenzierte Risiken können zu folgenden Krisen führen

↓

Strategiekrise

↓

Managementkrise

↓

Ertrags- und Absatzkrise

↓

Finanzkrise

↓

Liquiditätskrise

↓

Erholungsphase

↓

oder drohende Insolvenz

Einige Praxisbeispiele, wie man Risiken erfolgreich gegensteuern kann, um nicht zur Finanzkrise zu gelangen:

Sind die Ursachen der Risiken durch die Analyse des Ist-Zustandes aufgedeckt und erkannt worden, muss sofort gehandelt werden.

Dazu einige Beispiele:

1. Liegen die Risikoursachen vorübergehend beim Rückgang des Umsatzvolumens, dann sollten dazu nähere Detailanalysen folgen, um die Frage zu beantworten: „Ab wann und warum ist der Umsatz um 30% zurückgegangen?"
Sicherlich wird dann die Beantwortung der Frage darin liegen, dass es schon seit längerer Zeit Absatz- und Umsatzprobleme gab und man diese auf die Konjunkturschwankungen und auf die sinkenden Nachfragen zurückführte. Das ist zwar ein Grund, aber der eigentliche Hauptgrund könnte die zunehmende Unzufriedenheit und die sukzessive Abwanderung langjähriger Stammkunden und das Ausbleiben von Neukundengewinnung sein.
Deshalb sollten Sie sofort eine Kundenbefragung durchführen. Denn durch den Kunden erfahren Sie vor Ort oder durch eine schriftliche Befragung konkret, was sie dazu bewogen hat, Ihr Unternehmen zu verlassen.

Kundenzufriedenheit ist das Ergebnis eines Vergleiches zwischen den Erwartungen des Kunden und dem Leistungs- und Nutzensangebot des Unternehmens. Zu beachten ist, dass primär der Kunde entscheidet, wie zufrieden oder unzufrieden er mit dem Angebot des Unternehmens ist.
Es liegt im Interesse des Unternehmens, alle möglichen Potenzen zu nutzen und weiter auszubauen, um durch vielfältige Methoden und Strategien den Erwartungen und Wünschen des Kunden gerecht zu werden.
Dazu zählen, neben der gezielten Kundenorientierung, die Qualität der Produkte und Dienstleistungen, der Erfolg in der Kundenberatung, die Qualität der Serviceleistungen und nicht zuletzt auch die Qualität der Reklamationsabwicklung.
Diese wechselseitigen Beziehungen und Anforderungen können nur in die Position der Kundenzufriedenheit gebracht werden, wenn der Kunde im Mittelpunkt des Unternehmens gestellt wird.

Welche Anforderungen ergeben sich für die Unternehmensleitung im Zusammenhang mit dem Kundenzufriedenheitsmanagement?

- Alle Leitungs-, Organisations- und Kontrollprozesse sind auf die Kundenzufriedenheit auszurichten und zwar unter dem Motto „ohne Kunden kein Absatz", „ohne Absatz keine Mehr-Wert-Schöpfung"
- Einbeziehung aller Mitarbeiter in den Realisierungsprozess der Kundenzufriedenheit
- Schaffung von Motivationsmöglichkeiten für die Mitarbeiter als Voraussetzung für motivierte Kunden. Denn hoch motivierte, begeisterte, sachkundige Mitarbeiter, die im Denken und Handeln das Unternehmen würdig vertreten, sind ein wichtiges Potential für die Kundenzufriedenheit.
- Kontinuierliche Durchführung von Kundenbefragungen zur Kundenzufriedenheit. Kundenbefragungen bringen dem Unternehmen einen doppelten Nutzen. Einerseits erfährt das Unternehmen, was die Kunden wünschen und wie zufrieden sie mit dem Angebot des Unternehmens sind, anderseits hält das Unternehmen engen Kontakt zum Kunden, gibt ihm das Gefühl, für das Unternehmen wichtig zu sein und bereitet so den Weg für weitere Einkäufe bzw. Aufträge vor.
- Situationsangepasstes Reagieren mit Sonderangeboten, Kulanzangeboten, Werbeangeboten, Rabatten etc. als Mittel für eine erweiterte Kundenzufriedenheit und als Lockmittel zur Erweiterung des Kundenstammes.

Welche Merkmale sind ausschlaggebend für eine Kundenzufriedenheit als Mehr-Wert-Schöpfender-Faktor?

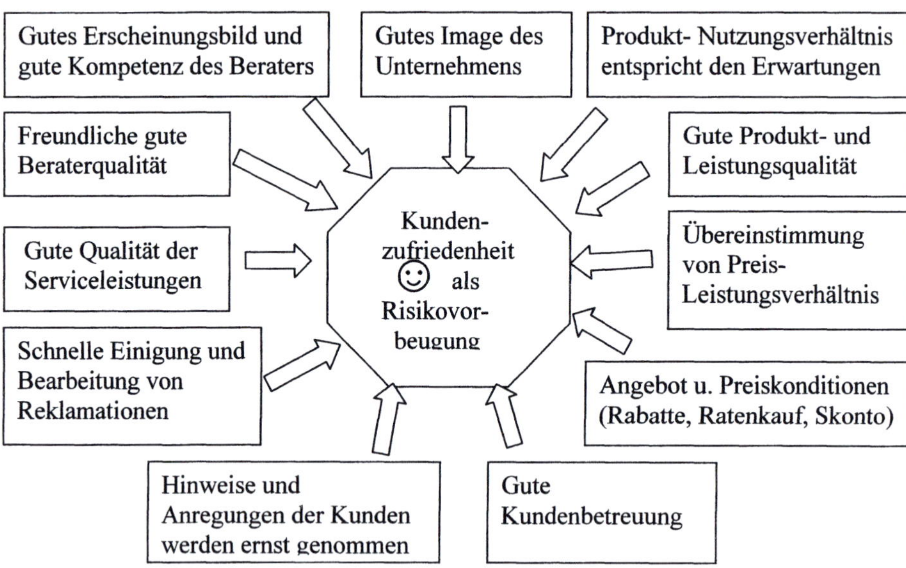

Fazit: Der Kunde ist die wichtigste Person für das Unternehmens und sollte auch so aufgenommen und behandelt werden. Er ist und bleibt der Geldgeber.
Ohne Kunden kein Umsatz, ohne Umsatz kein Geld, ohne Geld keine Existenz.

Neben der harten Konkurrenz auf den Märkten um Produkte und Dienstleistungen, nimmt die Rolle der Kundenzufriedenheit eine dominierende Stellung ein.
Die Märkte sind gesättigt, die Anzahl der Anbieter steigt ständig, das Angebot an Waren und Produkten ist vielfältig und austauschbar und die Billiganbieter bekämpfen sich gegenseitig.

Deshalb gibt es nur einen Ausweg, sich auf dem Markt zu behaupten
– die Kundenzufriedenheit.
Sie ist und bleibt die wichtigste Alternative, um den Umsatz zu steigern, den Gewinn zu erhöhen und die Mehr-Wert-Schöpfung zu sichern.

Umsatzrückgänge werden überwiegend durch Auftragsrückgänge ausgelöst und sind in den meisten Fällen mit der Verschlechterung der Kundenzufriedenheit verbunden. Ist die Kundenzufriedenheit gut, dann ist auch eine gute Auftragslage zu verzeichnen, die sich insbesondere darin äußert, dass Kunden öfter kaufen, Stammkunden werden für Neukunden werben und somit helfen, den Stammkundenkreis des Unternehmens zu erweitern.

Welches können die Ursachen einer schlechten Kundenzufriedenheit sein?

Hier eine Auswahl von möglichen Ursachen:

- Rückgang der Kundenloyalität gegenüber dem Unternehmen
- Verschlechterung der Serviceleistungen in Verbindung mit der gekauften Ware und der Erfüllung von Dienstleistungen
- Rückgang des Qualitätsangebotes von Waren und Dienstleistungen
- Verschlechterung des Preis- Leistungsverhältnisses
- Zunahme an Reklamationen und ihre nachlässige Bearbeitung und Abwicklung
- Probleme bei der Termineinhaltung von Kundenaufträgen
- Vernachlässigung von Kundenkontakten zu Fragen der Kundenzufriedenheit, Erfüllung der Kundenerwartungen, Kundenbetreuung, Kundenberatung
- etc.

Der einzige Ausweg, um lückenlos die Ursachen aufzudecken und diese einer Lösung zuzuführen, wäre die Kundenbefragung.

Hier ein Praxisbeispiel eines ausgewählten Unternehmens:

Das Unternehmen hatte seit einiger Zeit einen ständigen Rückgang an Stammkunden und nur einen geringen Teil an Neukundenzugang. Damit verbunden ging auch der Umsatz rapide um 30 % zurück. Die Liquidität reichte nicht mehr aus, um anfallende Kosten zu decken und erst recht nicht für Neuinvestitionen.

Die Unternehmensleitung wollte nun die Ursachen wissen, warum es dazu gekommen ist. In gemeinsamer Beratung mit Unternehmensleitung und den Mitarbeitern konnten zwar Problemfelder angesprochen werden (wie z.B.:"Wie kommen wir bei den Kunden an?"; „stellen wir den Kunden noch in den Mittelpunkt unseres Handelns?"; „wie ist es um unsere Produkt- und unsere Arbeitsleistungsqualität bestellt?"; „halten wir versprochene Termine immer ein?" usw.), jedoch die Ursachen konnten nicht geklärt werden, weil diese losgelöst von der Meinung der Kunden diskutiert wurden.
Man kam zu dem Entschluss, eine Kundenanalyse bzw. Kundenbefragungen, sowohl mit dem verbliebenen Stammkundenkreis als auch mit den bereits abgewanderten Kunden durchzuführen. Es wurde dazu ein auf die Spezifik des Unternehmens bezogenes Befragungsmodell entwickelt. Mit diesem Befragungsmodell soll erreicht werden, dass der Kunde zu Wort kommt und sagen soll, was er vom Unternehmen hält, wo es Schwachstellen gibt, in welcher Richtung er zufrieden ist bzw. in welcher unzufrieden.
Als Methode bzw. als Form der Befragung entschied sich die Unternehmensleitung für die schriftliche Befragung als die effektivere, da die Kunden mehr Zeit für die Beantwortung der Fragen haben und nicht unter Einfluss von Mitarbeitern des Unternehmens stehen.

Um eine hohe Rücklaufquote zu erreichen, wurde Folgendes festgelegt:

- für den Kunden nachvollziehbare Fragen kurz und präzise zu stellen
- die Anzahl der Fragen gering zu halten
- einen adressierten und frankierten Umschlag beizulegen
- eine Anleitung zum Ausfüllen des Fragebogens mit Skizze anzufertigen
- ein persönliches Anschreiben beizulegen
- keine Alternativfragen zu stellen
- keine Fragen stellen, die bedenkenlos sind oder den Kunden persönlich nicht betreffen

Für die schriftliche Befragung wurden sechzig Kunden ausgewählt.

Folgendes Befragungsmodell mit entsprechenden Bewertungskriterien über die Kundenzufriedenheit gegenüber dem Unternehmen wurde den Kunden zugeschickt:

Fragebogen zur produkt- oder dienstleistungsbezogenen Kundenzufriedenheit eines Unternehmens

Skala 1 (sehr gut)
Skala 2 (gut)
Skala 3 (weniger gut)
Skala 4 (ungenügend)
Kurze v.B. = kurze verbale Bewertung der Einzelfragen einschließlich Vorschläge

Fragen	Bewertung nach Skalen				
	1	2	3	4	kurze v.B.
1. Produkt- oder Dienstleistungsbezogene Fragen.	___	___	___	___	___
• Qualität des Produktes oder der Dienstleistung					
• Qualität der durchgeführten Arbeiten					
• Preis- Nutzensverhältnis					
• Qualität- Preisverhältnis					
• Preiskonditionen (Rabatte, Skonto etc.)					
• Serviceleistungen					
• Austauschbarkeit von Teilen					
• Bedienungskomfort					
• Termineinhaltung bei Lieferung oder Installationsarbeiten					
• Materialgüte (Präzision, kein Verschleiß)					
• Qualitätsgarantien (Gütesiegel, Messergebnisse)					
• Sicherheitsgarantien					
• Umweltfreundlichkeit					

Fragebogen zu kundenberaterbezogenen Befragungen eines Unternehmens

Skala 1 (sehr gut)
Skala 2 (gut)
Skala 3 (weniger gut)
Skala 4 (ungenügend)
Kurze v.B. = kurze verbale Bewertung der Einzelfragen einschließlich Vorschläge

Fragen	Bewertung nach Skalen				
	1	2	3	4	kurze v.B.
2. Kundenberaterbezogene Befragungen	___	___	___	___	___
• Image des Beraters / Mitarbeiters					
• Erscheinungsbild des Beraters / Mitarbeiters (Ausstrahlung, begeisterungsfähig, kompetent etc.)					
• Rhetorik des Beraters/ Mitarbeiters					
• Fachliche Kompetenz des Beraters / Mitarbeiters					
• Vertrauen zum Berater / Mitarbeiter					
• Flexibilität des Beraters / Mitarbeiters					
• Verständliche Darstellung von Produkt und Dienstleistungen					
• Problemlösungsfähigkeit bei Produktangelegenheiten					
• Preisangelegenheiten					
• Termineinhaltung des Beraters / Mitarbeiters					

Fragebogen zu serviceleistungsbezogenen Fragen eines Unternehmens

Skala 1 (sehr gut)
Skala 2 (gut)
Skala 3 (weniger gut)
Skala 4 (ungenügend)
Kurze v.B. = kurze verbale Bewertung der Einzelfragen einschließlich Vorschläge

Fragen	Bewertung nach Skalen				
	1	2	3	4	kurze v.B.
3. Serviceleistungsbezogene Fragen	___	___	___	___	___
• Gestaltung des Empfangs					
• Kompetenz des Servicepersonals					
• Kulanz bei Serviceleistungen (z.B. Umtausch, Reklamationen etc.)					
• Qualität der Garantieleistungen					
• Qualität des Wartungs- und Reparaturdienstes einschließlich Inspektion					
• Ersatzteildienst					
• Aufstelldienst, z.B. bei Anlagen					
• Inbetriebnahme von Anlagen					
• Termineinhaltung					
• Flexibilität des Services, z.B. Service rund um die Uhr					
• Parkmöglichkeiten					
• Kundenbetreuung nach dem Kauf eines Produktes oder nach Realisierung einer Dienstleistung					
• Kundenweiterbetreuung nach Ablauf der Garantieleistungen					
• Hotline-Service					

Fragebogen zur reklamationsbezogenen Befragung eines Unternehmens

Skala 1 (sehr gut)
Skala 2 (gut)
Skala 3 (weniger gut)
Skala 4 (ungenügend)
Kurze v.B. = kurze verbale Bewertung der Einzelfragen einschließlich Vorschläge

Fragen	Bewertung nach Skalen				
	1	2	3	4	kurze v.B.
4. Reklamationsbezogene Befragung	___	___	___	___	___
• Wie war der Empfang					
• Wie war die Abwicklung der Reklamation?					
• Kulanz bei der Reklamation					
• Wie bewerten Sie den Gesamteindruck der Reklamationsbearbeitung?					
• Wie bewerten Sie die Kunden-zufriedenheit nach der Reklamation?					
• Erreichbarkeit der zuständigen Mitarbeiter					

Auswertung und Schlussfolgerungen aus der Befragung zur Kundenzufriedenheit

Die Auswertung ergibt folgendes Bild:

Von den 60 befragten Kunden:

gaben 5 Kunden die Note 2 x 5 = 10   220 : 60 = 3,67
gaben 10 Kunden die Note 3 x 10 = 30
gaben 45 Kunden die Note 4 x 45 = 180
= 60   = 220

Damit wurde ein Mittelwert von 3,67 erreicht.

Der Mittelwert von 3,67 ist ein relativ schlechtes Ergebnis, das von den Kunden bescheinigt wurde.

Die Schwerpunkte der schlechten Bewertung und der verbalen Einschätzungen der Kunden (3-4) liegen insbesondere in folgenden Bereichen und Einzelfragen:

- in der schlechter gewordenen Produkt- und Arbeitsqualität
- in der schlechter gewordenen Qualität der Serviceleistungen
- in der Nichteinhaltung von Terminen für Produktlieferung und Arbeitsleistungen
- in der relativ schlechten Kundenberatung durch Mitarbeiter des Unternehmens
- in der Reklamationsabwicklung
- in der Verschlechterung der Kundenorientierung und Kundenbeziehung
- in der negativen Entwicklung des Images

Nach kritischer Analyse und Auswertung durch die Unternehmensleitung gemeinsam mit den Mitarbeitern zur Kundenbefragung wurde für die weitere Arbeit zur Verbesserung der Kundenzufriedenheit Folgendes festgelegt:

Mit sofortiger Wirkung wird durch das Unternehmen ein Informations- und Kontrollsystem entwickelt, mit der Zielstellung, den Kunden in den Mittelpunkt des Handelns zu stellen, die Produktqualität und die Qualität der Arbeitsleistung so zu verbessern, dass sie den Kundenanforderungen gerecht werden sowie Terminversprechungen einzuhalten, Reklamationen zur vollsten Zufriedenheit der Kunden abzuwickeln und nicht zuletzt die Kundenberatung kundenfreundlicher und kompetenter zu gestalten.

Aus der Zielstellung des zu erarbeitenden Informations- und Kontrollsystems leiten sich im einzelnen folgende Einzelaufgaben ab, die vom Unternehmensmanagement auf die Einhaltung hin kontrolliert und im Konkreten abgerechnet werden:

1. In allen Handlungsprozessen sind alle Anstrengungen sowohl die der Unternehmensleitung als auch die aller Mitarbeiter auf die Kundenzufriedenheit auszurichten. Von der Beratung mit den Kunden, Auftragserteilung, Auftragserfüllung bis zur Nachbetreuung muss der Kunde im Mittelpunkt stehen. Es muss sich in der täglichen Arbeit bei allen Mitarbeitern der Grundsatz einprägen: „Ohne Kunden geht gar nichts, ohne Kunden keine Aufträge, ohne Aufträge keinen Umsatz, ohne Umsatz kein Unternehmen, ohne Unternehmen keine Arbeit!“

2. Alle Mitarbeiter, die unmittelbar Kontakt mit den Kunden haben, werden von der Unternehmensleitung in Form von Workshops z.B. zu Verhaltensregeln, zu Umgangsformen, zu mehr Kompetenzaneignung etc. geschult und auf deren Umsetzung verpflichtet.

3. Alle Informationen, die sich im Zusammenhang mit der Auftragsabwicklung bei den Kunden im Hinblick auf die Kundenzufriedenheit oder Kundenunzufriedenheit ergeben und von Bedeutung sind, sind sofort an die Unternehmensleitung für die Auswertung weiterzuleiten.

4. Bei Qualitätsverstößen in der Auftragserfüllung von Mitarbeitern an den Kunden werden mit sofortiger Wirkung diejenigen Mitarbeiter in Form von Abmahnungen zur Verantwortung gezogen, die selbstverschuldet schlechte Qualitätsarbeit geleistet haben. Bei wiederholter Abmahnung droht die Entlassung.

5. Die Beratung mit den Kunden wird von der Unternehmensleitung selbst durchgeführt oder von kompetenten Mitarbeitern, die von dem Leitungsmanagement beauftragt werden.

6. Die angebotenen Serviceleistungen in Verbindung mit dem gekauften Produkt oder den erfüllten Dienstleistungen oder in Form von Zusatzleistungen sind zu erweitern und qualitätsmäßig zu verbessern sowie abrechenbar zu gestalten.

7. Für die Neukundengewinnung ist die Werbung neu zu aktivieren. Es sind solche Werbemethoden zu wählen, die den Kunden am besten ansprechen. Dabei stehen das Qualitätsangebot, die Erweiterung der Serviceleistungen, die Verbesserung des Images in der Öffentlichkeit etc. im Vordergrund.

8. Alle Termine mit den Kunden werden ab sofort von der Unternehmensleitung nicht nur vergeben, sondern auch auf ihre Einhaltung überwacht. Bei Nichteinhaltung von Terminen wird der jeweilige Mitarbeiter zur Verantwortung gezogen.

9. Alle Reklamationen der Kunden werden ernst genommen und im gemeinsamen Einvernehmen zwischen Kunden und Unternehmen gelöst. Dabei sind Kulanzlösungen in Kauf zu nehmen. Denn lieber Kulanzlösungen hinnehmen und dafür den Kunden behalten, als ihn zu verlieren. Dieser Kunde fühlt sich dann gut behandelt und ist so motiviert, dass er diese Botschaft an andere Kunden weitervermittelt und somit zum Werbeträger des Unternehmens wird.

10.Es wird mit sofortiger Wirkung in ca. 2-3 Wochen nach Rechnungslegung dem Kunden ein Fragebogen zugeschickt, wo der Kunde die Möglichkeit hat, seine Einschätzung über die Auftragserfüllung darzulegen. Diese Befragung ist für das Unternehmen ein wichtiges Signal von den Kunden, inwieweit die Kundenzufriedenheit umgesetzt wurde.
Die Fragen beziehen sich auf folgende Schwerpunkte, die mit vier Skalen: sehr gut, gut, zufrieden oder unzufrieden vom Kunden zu bewerten sind.

1. Frage: Wie schätzen Sie die Beratung und den Verkauf ein?
2. Frage: Wie schätzen Sie die Einhaltung des vereinbarten Termins ein?
3. Frage: Wie schätzen Sie die Qualität des Produktes oder der Dienstleistung ein?
4. Frage: Wie schätzen Sie die Qualität der Arbeitsleistung der Mitarbeiter ein?
5. Frage: Haben wir unser Versprechen als Unternehmen eingehalten?
6. Frage: Welche verbale Einschätzung möchten Sie noch hinzufügen?

Nach Erhalt der Kundeneinschätzungen erfolgt dann kurzfristig die Auswertung durch die Unternehmensleitung und die Weitergabe der Informationen an die Mitarbeiter. Bei negativen Einschätzungen durch den einen oder anderen Kunden erfolgt eine individuelle Beratung und Auswertung gemeinsam mit der Unternehmensleitung, den zuständigen Mitarbeitern und den jeweiligen Kunden vor Ort.

11.Zur Verbesserung der Kundenorientierung wird eine umfassende Ausrichtung des Unternehmens auf die Erwartung und auf die allseitige Befriedigung der Wünsche und Bedürfnisse der Kunden entwickelt. Den Kunden mehr als bisher in den Mittelpunkt unternehmerischen Handelns zu stellen soll sich in Zukunft wie ein roter Faden durch alle Prozesse und Ebenen, angefangen von der Unternehmensphilosophie bis hin zur Absatzstrategie, von der Geschäftsführung bis zu jedem einzelnen Mitarbeiter durchziehen.
Dabei stellt sich das Unternehmen folgende Anforderungen:
- Durchsetzung eines kundenorientierten Denkens und Handelns aller Beschäftigten des Unternehmens
- allseitige Befriedigung der Bedürfnisse und Wünsche aller Kunden
- Stärkung des Vertrauensverhältnisses zwischen dem Unternehmen und den Kunden, so zum Beispiel:
    - das Versprechen zu halten,
    - Qualitäts- und Serviceleistungen einhalten,
    - Reklamationen Problemlos abwickeln,
    - Terminabsprachen konsequent einhalten,
    - etc.

- Verbesserung und Ausbau der Kundenbeziehung im Hinblick auf Informationsverbesserung, Nachbetreuung, Statuserweiterung für Stammkunden (Konditionen, Sonderangebote etc.), Werbemaßnahmen etc.

Fazit für das Unternehmen:

Nach Umsetzung der konzeptionellen Festlegungen und Neupositionierung zur Verbesserung der Kundenzufriedenheit, konnte das Unternehmen sukzessiv nach einem Jahr der Kundenbefragung ihren Umsatz steigern.
Bereits im zweiten Jahr nach der Befragung schreibt das Unternehmen wieder schwarze Zahlen und verfügt nun wieder über eine sichere Liquidität.

Schlussfolgernd für andere Unternehmen, die gleichgelagerte Probleme haben, sollte analog verfahren werden, nach dem Motto: „Fragen Sie Ihre Kunden und diese werden Ihnen sagen, wo Ihre Stärken und Schwächen liegen, wo Handlungsbedarf Ihrerseits notwendig wird."
Denn Kunden wissen mehr über Ihr Unternehmen, als Sie denken. Kunden sind der Wegweiser und der rote Faden für eine erfolgreiche Krisenvorbeugung.

2. Sind massive Forderungsausfälle an der Risikosituation beteiligt und liegen diese langfristig vor, dann ist von Seiten des Risikomanagements ein schnelles Handeln angesagt.
Forderungsausfälle tangieren nicht unbedingt mit dem Umsatzverlust, sondern viel mehr mit dem Gewinnverlust und damit auch mit Ausfällen in der Liquiditätssicherung.
Auch in diesem Fall muss zuerst geklärt werden, wo im einzelnen die Ursachen liegen und warum diese Forderungsausfälle entstanden sind. Liegen diese in der vernachlässigten Überwachung der täglichen Zahlungsein- und Ausgänge, im labilen Mahnverfahren oder am schlechten Informations- und Kontrollsystemen des Risikomanagements etc.

Sind die Forderungsausfälle nicht eine vorübergehende Angelegenheit, sondern stellen sich diese als eine angehäufte Problemsituation dar, dann sollte die Unternehmensleitung sofort handeln und entsprechende Maßnahmen einleiten. Um die Forderungsausfälle schnell zu reduzieren oder vorbeugend zu verhindern, bieten sich folgende realistische Möglichkeiten an:

- Verkauf von offenen Forderungen, mit der Factoringgesellschaft vereinbaren
- Einholen von Forderungen über Bürgschaften
- Verringerung des Forderungsvolumens durch Erweiterung der Vorrauszahlungen
- bei Warenlieferung oder Dienstleistung die Rechnung beilegen oder unmittelbar folgen lassen
- Lieferkonditionen, wie z.B.: Fristen, Skonti, Rabattgewährung, Anzahlungen, Zahlungszinsen neu überdenken
- Kunden zur Abbuchungsermächtigung überzeugen
- straffes Mahnverfahren einführen, wie z.B.: Erinnerungsschreiben, Mahnschreiben, Ankündigungen des Einzugs entsprechend der Schuldrechtsreform sowie Vollstreckung durch die Anwaltschaft
  Vorsicht! Vorher Kostenkalkulation für Gerichts- und Rechtsanwaltsgebühren sowie Auslagen für den Rechtsanwalt einholen!
- Kreditlimit für den jeweiligen Kunden festlegen und bei Überschreitungen des Kreditlimits grundsätzlich die Auftragsabwicklungen über Vorkasse, per Nachname oder über Abbuchungsermächtigung für Bankeinzug vornehmen
- bei Neukunden Auskünfte einholen, bevor eine Auftragsabwicklung vollzogen wird
- kürzeste Zahlungsziele mit Kunden vereinbaren, z.B.: Barzahlungen oder mit EC-Karte

Für das Kontroll- und Überwachungsmanagement ist es notwendig, Auskünfte über den einzelnen Kunden oder Kundengruppen zu erhalten, die als Problemkunden in Fragen der Forderung zu klassifizieren sind. Dazu sollten folgende Übersichten geführt und ständig aktualisiert werden:

- Tägliche Überwachung der Zahlungs- Ein- und Ausgänge über die Buchhaltung
- Erfassung der Kunden über Forderungsorientierte Klassifizierung nach durchgeführter ABC-Analyse
- Informationsmaterial über Zahlungskonditionen
- Informationsmaterial über Kundenbonität
- Informationsmaterial über Verweildauer von Forderungen
- Informationsmaterial über das Mahnwesen
- Informationsmaterial über Berichte und Aussprachen mit Kunden

3. Liegt der Schwerpunkt der Risikoursache im Bereich des Bestandsmanagements der Vorräte, sprich zu hohe Lagervorräte, dann muss eine radikale Reduzierung auf ein Mindestmaß vorgenommen werden.

Führen aktuelle Prognosen zu der Erkenntnis, dass es mittel- oder auch langfristig bei den gesunkenen Absatzvolumen bleiben wird, dann ist eine Produktionsdrosselung verbunden mit Kurzarbeit und Reduzierung des Umlaufvermögens unumgänglich.

Zu hohe Bestände an Vorräten lassen Kosten ansteigen, belasten die Einnahmenseite und mindern die Liquidität des Unternehmens. Im Interesse der Rentabilität und der Liquidität sollte bereits bei der Planung des Bedarfs an Umlaufmitteln diese nur so hoch sein, wie sie für den reibungslosen Geschäftsablauf benötigt werden.
Eine wirtschaftliche und effektive Vorrats- und Lagerhaltung ist nur dann möglich, wenn die Vorräte beim steigenden Umsatz nicht erhöht werden, bei gleich bleibendem Umsatz reduziert werden oder beim sinkenden Umsatz stärker abnehmen als der Umsatz.
Viele Klein- und Mittelunternehmen haben zum Teil noch volle Lagerbestände, obwohl bestimmte Waren oder Artikel am Auslaufen sind oder nicht mehr zur Disposition stehen, hofft man immer noch auf mögliche Aufträge, die mehr oder weniger mit einem Fragezeichen zu beantworten sind.

Welche Maßnahmen sollte die Unternehmensleitung zum Abbau der Vorrats- und Lagerbestände festlegen?

1. Schaffung eines Bestandsmanagement-Controllingsystems mit folgender Aufgabenstellung:

- Bestandsziele festlegen, regelmäßig aktualisieren und kontrollieren
- Steuerung und Kontrolle der Bestandsentwicklung
- Kennzahlen zur Bestandsentwicklung wenn notwendig neu festlegen und auf die Einhaltung kontrollieren
- Methoden zur Bestandsbewertung konsequent umsetzen, auswerten und Bewertungsergebnisse dem Liquiditätsmanagement vorlegen
- Entscheidungskriterien für Verkauf, Aussonderung und Sonderabschreibungen erarbeiten und umsetzten
- Festlegung der Verantwortlichkeiten einschließlich der Zuständigkeit im Bereich des Bestandsmanagements
- regelmäßige Berichterstattung des Bestandmanagements vor der Geschäftsleitung über die Einhaltung der festgelegten Maßnahmen und der sich daraus ergebenden Korrekturmaßnahmen für eine effiziente Bestandshaltung und Bestandsentwicklung

2. Einbindung von Zulieferern bzw. Lieferanten in die Logistikkette, z.B. Online-Verbund des Unternehmens. Dadurch kürzere Lieferfristen, bedarfsgerechte Sofortversorgung und Vermeidung von hohen Lagerbeständen.

3. Keine Reduktion der Lagerbestände auf Kosten der Lieferbereitschaft und des Serviceangebotes für die Kunden.
   Damit werden zwei Aspekte angesprochen:
   a. Termingemäße Erfüllung der Kundenwünsche und
   b. Serviceangebote, die die Kunden mehr schätzen als die gekauften Waren, z.B. der zusätzliche Service in Verbindung mit der gekauften Ware.

4. Lagerbestände sollten permanent mit Hilfe der Umschlagsgeschwindigkeit und der Lagerdauer überprüft werden, um die Umschlaggeschwindigkeit optimal zu halten.

$$\text{Lagerumschlagshäufigkeit} = \frac{\text{Einstiegspreis der verkauften Ware}}{\text{durchschnittlicher Lagerbestand}}$$

Die Lagergeschwindigkeit gibt an, wie oft der durchschnittliche Lagerbestand (als Mengen- oder Wertgröße) in einem bestimmten Zeitraum umgesetzt wurde (z.B. Monat, Quartal, Jahr).

$$\text{Lagerdauer} = \frac{\text{360 Tage im Jahr}}{\text{Lagerumsatz}} = \text{Tage}$$

Unter der Lagerdauer versteht man den Zeitraum vom Eingang des Lagergutes bis zu dessen Ausgang. Anzustreben wäre eine kurze Lagerdauer unter Berücksichtigung einer aktuellen Lieferbereitschaft. Damit könnten Raum- Lager- Verwaltungs- und Zinskosten eingespart werden, die dann zu einem geringeren Kapitalbedarf führen.

Dazu ein Beispiel aus der Praxis:

Durch einen Plan-Ist-Vergleich eines Unternehmens wurde sichtbar, dass es im Bereich des Umlaufvermögens viel zu hohe Lagerbestände gab, die weit über den Bedarf lagen und zum Teil nicht aufgrund der Produktionsumstellung und des schrumpfenden Absatzes benötigt wurden.

Damit wurde unnötiges kurzfristiges Kapital gebunden und die notwendige kurzfristige Liquidität eingeschränkt.
Dieser Tatbestand veranlasste die Unternehmensleitung zu folgenden Entscheidungen:

- Bestandsanalyse über die Vorräte an Roh-, Hilfs- und Betriebsstoffen sowie Bestände an Halb- und Fertigfabrikaten
- Vergleichsanalyse zu den ermittelten Beständen und den notwendigen Bedarf an Vorräten
- Ermittlung der Überplanbestände an Vorräten in Menge und Wert
- Ermittlung der notwendigen Lagerkosten (z.B. Mieten, Zinsen, Verwaltung etc.) für Überplanbestände an Vorräten
- Umschlaghäufigkeit für einzelne Produkte berechnen und Normative festlegen
- Straffung des Sortimentsangebotes in Übereinstimmung mit der aktuellen Absatzlage
- Kauf von Vorräten nach Abruf mit den Lieferanten vereinbaren

In der Auswertung der durchgeführten Analysen und Ermittlungen konnte eingeschätzt werden, dass die Überplanbestände dem Unternehmen eine unnötige kurzfristige Bindung an Umlaufmitteln – sprich Vorräten bezogen auf das Planjahr, von ca. 30.000,00 Euro verursacht haben. Mit der Einsparung dieser ca. 30.000,00 Euro hätte das Unternehmen die Möglichkeit gehabt, kurzfristige Forderungen aus eigenen liquiden Mitteln zu decken, ohne zusätzliches Fremdkapital in Anspruch zu nehmen.

Welche Festlegungen wurden nun von der Unternehmensleitung getroffen, um künftig solche Fehler an Überstandsplanbeständen auszuschließen?

1. Permanente Überwachung der Lagerbestände durch eine exakte Lagerbuchführung und führen von Dateien bzw. Lagerkonten durch die verantwortliche Lagerverwaltung.
2. Monatliche Informationen an die Geschäftsleitung über die Lagerbewegung
3. Monatlicher Plan-Ist-Vergleich unter Einbeziehung der ABC-Analyse über die Soll-Ist-Bewegung
4. Monatliche Ermittlung der Kennzahlen, Lagerumschlag und Lagerdauer
5. Lagerbestand nur in der Höhe halten, die für die Gewährung des Absatzes notwendig ist. Bei guter Konjunkturlage und zu erwartenden Großauftrag ist eine entsprechende Vorratsreserve zu bilden.
6. Verkauf von Überplanbeständen an gleichgelagerte Unternehmen
7. Sicherstellung der Zulieferer für eine kontinuierliche, termingemäße und qualitätsorientierte Lieferung unter Beachtung günstiger Konjunkturangebote.
8. Optimierung der Durchlaufzeiten durch weitere Erhöhung der Umschlagsgeschwindigkeit
9. Reduzierung der Lagerkosten durch Verkürzung der Lagerdauer
10. Monatliche Berichterstattung des Berichterstattungsmanagements über die Einhaltung der festgelegten Maßnahmen vor der Geschäftsleitung

4. Eine der weiteren Ursachen könnte auch eine zu hohe Kapitalbindung sein und zwar in Bezug auf das Anlagevermögen.
Das Anlagevermögen hat langfristige Kapitalbindung und damit auch erheblichen Einfluss auf die Kostenstruktur eines Unternehmens. Jede Investition verursacht Fixkosten, deren Höhe und zeitliche Auslastung an Beschäftigung und Marktveränderungen schwer angepasst werden können. Treten nun Veränderungen im Hinblick auf die Auslastung der Anlagen auf und kollidieren diese mit Absatzproblemen oder auch mit einer Produktumstellung, dann liegt hier eine Risikoursache vor, die vom Risikomanagement näher untersucht und gelöst werden muss.
Auch ungenutzte, teilgenutzte und nicht mehr betriebsnotwendige Anlagen bzw. Teilanlagen sind ebenfalls Kostenfresser, die sich möglicherweise auf die Unternehmensrisiken auswirken können.
Die beste Alternative wäre es, diese Anlagen bzw. Teilanlagen über den Buchwert zu veräußern und den Erlös für die weitere Stärkung der Eigenfinanzierung zu nutzen.

Dazu ein Beispiel aus der Praxis:

Eine Analyse in einem Unternehmen zur Auslastung vorhandener Anlagen ergab, dass ein Teil der Anlagen, sprich Grundmittel, ungenutzt umherstanden oder nur im geringen Maße ausgelastet wurden. Das hatte zwei Gründe:

1. mit der teilweisen Umstellung bestimmter Herstellungstechnologien und Modernisierungen neuer Verfahrenstechniken
2. mit dem Rückgang des Umsatzes, insbesondere in der Nebenproduktion

In Auswertung der Analyse konnte festgestellt werden, dass Grundmittel kurz- bis mittelfristig nicht mehr gebraucht werden. Die nicht mehr benötigten Grundmittel wurden verkauft.
Der Verkaufserlös, der über dem Buchwert lag, betrug 70.000,00 Euro. Damit konnte ein wesentlicher Beitrag zur Stärkung der Eigenfinanzierung geleistet werden.

Welche Schlussfolgerungen wurden aus diesem Fall von der Unternehmensleitung gezogen?

- In Zukunft werden Investitionsentscheidungen nicht nach steuerrechtlichen sondern ausschließlich nach wirtschaftlichen Gesichtspunkten getroffen, nämlich der erhöhten Wertschöpfung
- Monatliche Ist-Analyse über die Auslastung der einzelnen Anlagen bzw. Anlagenteile
- Kurzfristige Aussonderung und Verkauf solcher Maschinen und Anlagen, die gegenwärtig oder vorausschauend nicht mehr benötigt werden bzw. nicht den erwartenden Gewinn bringen
- Kurzfristiger Verkauf solcher Anlagen oder Teilanlagen, die den neuen Anforderungen im Hinblick auf Produktivität und Effektivität nicht mehr entsprechen
- Verstärkte Auslastung solcher Anlagen, die den höchsten Wertschöpfungsgewinn bringen
- Verstärkter Einsatz von Investitionsgeldern für Rationalisierungsmaßnahmen, die auf langer Sicht profitabel bleiben

Fazit: Eine gesicherte Finanzierung des Unternehmens bedeutet nicht, das es von Risiken bzw. Krisen verschont bleibt. Es ist genau so anfällig wie Unternehmen mit einer schlechteren Liquiditätslage.
So könnten unvorhergesehene Risiken, wie z.B.: starke Forderungs- oder Lieferantenausfälle die finanzielle Lage verschlechtern und damit die Finanzierung in Frage stellen, wenn die Unternehmensführung nicht rechtzeitig durch das Vorhandensein eines Risikofrüherkennungssystems auf diese Risiken aufmerksam gemacht worden wäre und wenn diese nicht durch Sofortmaßnahmen gegengesteuert hätte.
Dank dieses Früherkennungssystems und deren inhaltlichen Vorbeugungsmaßnahmen konnten die oben genannten Risiken rechtzeitig vor Eintritt erkannt und abgewendet werden.

Welche Vorbeugungsmaßnahmen sollte ein Früherkennungssystem beinhalten?

- Strategiekonzeption zum vorbeugenden Handeln des Risikomanagements
- Schaffung eines finanziellen Risikofonds
- Verknüpfung des Risikomanagementprozesses mit der strategischen und der operativen Leitung, Organisation, Planung und Kontrolle
- Permanente Analyse, Steuerung und Überwachung der besonders sensiblen Einflussbereiche des Unternehmens
- Erarbeitung eines Risikokataloges mit ausgewählten Kriterien und deren inhaltliche Aggregation, Rangfolge und Bewertung
- Nutzung bestehender betrieblicher Informationsprozesse für den Schwerpunkt der Risikofrüherkennung

4. Mehr Kundenorientierung, mehr Kundenzufriedenheit – Potential für mehr Umsatz

4.1 Kundenorientierung

Eine der größten Herausforderungen an ein erfolgreiches Unternehmen ist heute die Kundenorientierung.
Dieser Tatsache müssen sich viele Unternehmer stellen, um besser zu sein als die Konkurrenz. Das Unternehmen muss um jeden Kunden kämpfen.
Die Ansprüche der Kunden sind gestiegen, er möchte mehr als nur ein Produkt kaufen. Er möchte Freundlichkeit, eine gute und kompetente Beratung, er möchte Vertrauen, Kulanz, einen guten Service u.a.m..
Trotz dieser Notwendigkeit wird von vielen Unternehmen die Kundenorientierung noch unterschätzt. Einige Unternehmen behandeln ihre Kunden manchmal noch so, als sei der Kunde ein ungeliebter Störfaktor im geordneten organisatorischen Ablauf.
Zu Recht klagen dann die Kunden oft über:

- lange Wartezeiten bis zur Bedienung
- unfreundliche Bedienung
- geringe Kompetenz in der Beratung und im Verkauf
- mangelnder Service, insbesondere bei Garantieleistungen, Reklamationen etc.
- mangelnde Zuverlässigkeit in der Termineinhaltung
- ungenügende Sortimentsübersicht und Auspreisung
- mangelnde Kundennachbetreuung
- etc.

Einige Unternehmen sehen immer noch die Intensivierung der Kundenorientierung als ein nicht messbares oder nachvollziehbares Ergebnis an. Untersuchungen und Erfahrungen einiger Unternehmen beweisen das Gegenteil. Sie konnten durch die Intensivierung der Strategie in der Kundenorientierung nachweislich eine Verbesserung der Gesamtbilanz ihres Unternehmens erzielen.

<u>Von welchen Zielen und Inhalten sollte eine kundenorientierte Strategie ausgehen? Welche Leitgedanken und Grundsätze spielen bei dieser Strategie eine dominierende Rolle?</u>

Ein erfolgreicher Beginn in der Kundenorientierung ist eine grundsätzliche Kehrtwende im Denken und Handeln, sowohl bei der Unternehmensleitung als auch bei jedem Mitarbeiter des Unternehmens. Sie sollten weniger Ihr Unternehmen sehen, dafür mehr die Sichtweite des Kunden in den Mittelpunkt stellen. Denn Kunden sind ja die eigentlichen Geldbringer Ihres Unternehmens. Ohne Kunden könnte kein Unternehmen existieren.
Also ist der Kunde nicht nur „König", sondern auch „Geldbringer" zugleich.
Nicht der Kunde ist auf das Unternehmen angewiesen, sondern das Unternehmen auf den Kunden!

4.1.1 Analyse der Kundenorientierung

Um den genauen Stand der Kundenorientierung im Unternehmen zu überprüfen, ist eine Analyse erforderlich.
An Hand folgender Fragestellungen können Sie feststellen, inwieweit Sie die Kundenorientierung in Ihrem Unternehmen umsetzen.
Nachfolgend einige ausgewählten Fragen:

- Steht der Kunde im Mittelpunkt unseres Unternehmens?
  ( ) Ja
  ( ) Nein
- Haben wir (Unternehmensleitung und Mitarbeiter) eine einheitliche Auffassung zur Kundenorientierung?
  ( ) Ja
  ( ) Nein
- Ist die Kundenorientierung Bestandteil unserer Führungsphilosophie und Unternehmenskultur und wird diese auch in der Praxis verwirklicht bzw. umgesetzt?
  ( ) Ja
  ( ) Nein
- Wissen wir, wie viele Kunden wir haben (Stammkunden, Kaufkunden, Neukunden)?
  ( ) Ja
  ( ) Nein
- Haben wir einen Überblick, wer unsere Kunden sind (Kundenkartei)?
  ( ) Ja
  ( ) Nein
- Ist das Verhalten aller Mitarbeiter kundenorientiert und kundenfreundlich?
  ( ) Ja
  ( ) Nein
- Kennen alle Mitarbeiter des Unternehmens die Grundregeln des Verhaltens und des Verhandelns?
  ( ) Ja
  ( ) Nein
- Nehmen wir uns Zeit für unsere Kunden, z.B. beim Empfang, für die Beratung, für den Verkauf?
  ( ) Ja
  ( ) Nein
- Können wir Kunden begeistern und dabei ein glaubhaftes Vertrauen vermitteln und aufbauen?
  ( ) Ja
  ( ) Nein

- Sind unsere Mitarbeiter in der Lage, den Kunden mit Fachkompetenz und rhetorischem Können zu beraten, ohne dabei die kundenverständliche Sprache zu vernachlässigen?
  ( ) Ja
  ( ) Nein
- Werden Informationen oder Meinungen der Kunden über unser Unternehmen gesammelt und ausgewertet?
  ( ) Ja
  ( ) Nein
- Werden Reklamationen oder Beschwerden der Kunden bearbeitet und gelöst?
  ( ) Ja
  ( ) Nein
- Behandeln wir interne und externe Feedbacks?
  ( ) Ja
  ( ) Nein

4.1.2 Erfolgsfaktoren zur Verbesserung der Qualität der Kundenorientierung

Nachdem Sie Ihr Unternehmen mit Hilfe von Fragestellungen in bezug auf die Kundenorientierung analysiert und bilanziert haben, geht es anschließend darum, konkrete Maßnahmen für die Kundenorientierung in Form von Erfolgsfaktoren festzulegen, die die Gesunderhaltung Ihres Unternehmens gewährleisten.

4.1.2.1 Gelebte Unternehmensphilosophie und Unternehmenskultur

Kundenorientierung hat mit gelebter Unternehmensphilosophie und Unternehmenskultur zu tun. Sie bringen zum Ausdruck, welche Normen, Überzeugungen und Werte im Unternehmen vorhanden sind und wie diese im praktischem Verhalten und Handeln aller Mitarbeiter umgesetzt werden.
Wenn Sie als Unternehmen über solche Grundwerte verfügen, haben Sie weitaus bessere Erfolgschancen, als Ihre Mitbewerber mit einer schwach ausgeprägten Unternehmensphilosophie und Unternehmenskultur.

Welche Leitsätze charakterisieren eine vorbildliche und kundenorientierte Unternehmensphilosophie und Unternehmenskultur?

- die Identifizierung aller Mitarbeiter mit dem Unternehmen
- die Identifizierung der Kunden mit dem Unternehmen
- alle Mitarbeiter denken und handeln im Sinne des Unternehmenserfolges
- es herrscht ein gutes Betriebs- und Arbeitsklima
- es existiert ein klares Leitbild mit klarer Ziel- und Aufgabenstellung für das Unternehmen und für jeden Mitarbeiter

- die Unternehmensleitung hält engen Kontakt zu ihren Mitarbeitern und übernimmt die Rolle der Vorbildwirkung
- es herrscht eine schnelle, ehrliche und umfassende Informationspolitik innerhalb des Unternehmens
- die Unternehmensleitung legt großen Wert auf die Mit- und Eigenverantwortung ihrer Mitarbeiter

4.1.2.2 Ein gut funktionierendes Beziehungsmanagement

Eine Beziehungsstrategie zu den Kunden aufzubauen, ist einer der wichtigsten Erfolgsfaktoren der Kundenorientierung. Bereits beim ersten Kontakt mit dem Kunden sollten die Prioritäten durch eine vertrauensbildende Gesprächsatmosphäre gesetzt werden. Was Sie im ersten Gespräch nicht erfahren, werden Sie möglicherweise nie erfahren. Bauen Sie deshalb sofort eine gute Beziehung auf und warten Sie nicht darauf, dass der Kunde aktiv wird. Machen Sie keinen Unterschied in Fragen des Beziehungsaufbaus, ob es ein Stammkunde oder Neukunde ist. Behandeln Sie beide gleich. Nur so wird der Neukunde merken, dass er gleichberechtigt behandelt wird.
Natürlich will er ein Produkt kaufen oder eine Dienstleistung in Auftrag geben. Er erwartet aber noch mehr, nämlich eine freundliche und sachkundige Beratung, verbunden mit einem guten Service.
Ein Kunde muss das Gefühl haben, dass er anerkannt wird, dass er verstanden wird und dass auf seine Wünsche und Anliegen konkret eingegangen wird. Nur so kann sich eine erfolgreiche Beziehung aufbauen.
Wie z.B. ein erfolgreiches kundenorientiertes Beziehungsmanagement ablaufen könnte, soll in einem Verhandlungsgespräch zwischen einem Kundenberater/Verkäufer und einem Kunden dargestellt werden.

Dieser Ablauf könnte folgende Reihenfolge beinhalten:

- Begrüßen Sie den Kunden mit einem Lächeln höflich und zuvorkommend. Stellen Sie sich mit Ihrem Namen vor. Denken Sie daran, dass Ihr erster Auftritt durch die Begrüßung der wichtigste und entscheidenste Auftritt für die weiteren Gesprächsverhandlungen ist.

- Bieten Sie dem Kunden Platz und Getränke an. Es ist eine Höflichkeitsgeste, die beim Kunden gut ankommt.

- Bevor Sie das Gespräch beginnen, finden Sie die richtigen Einstiegsformulierungen, z.B. „Wie geht es Ihnen, hatten Sie eine gute Fahrt?“
- Stellen Sie dem Kunden Ihr Aufgabenbereich vor. Geben Sie dem Kunden einen Überblick über die Firmenphilosophie, über die Unternehmensstruktur, über Waren- und Leistungsangebote etc..

- Fragen Sie den Kunden nach seinem Anliegen. Gehen Sie auf Wünsche und Probleme ein, wenn notwendig auch nachfragen. Lassen Sie sich hier viel Zeit, um den genauen Kauf- bzw. Auftragswunsch zu ermitteln.

- Erläutern Sie dem Kunden mit einer ehrlichen kundenverständlichen Sprache, oder an Hand von Beispielen oder Objekten, die Vor- und Nachteile der Waren, Produkte oder Dienstleistungen im Hinblick auf Preis, Leistung und Qualität. Sagen Sie ihm, warum das Produkt bzw. die Dienstleistung „A" besser ist als „B".

- Achten Sie nach dem Angebot auf die Reaktion des Kunden. Ist sie zurückhaltend, abweisend oder bereitwillig. Reagieren Sie dann entsprechend durch Nachfragen und weiteren Erläuterungen. Dabei keine Zwangsüberzeugung anstreben.

- Den Kunden auf mögliche Preiskonditionen, Preisnachlässe, Rabatte, Skonto, Garantie- und Serviceleistungen hinweisen und dabei die Kauf- oder Auftragsmotivation überzeugend aktivieren.

- Wenn Einigung, dann Kundenauftrag abschließen. Den Inhalt des Auftrages erläutern. Unterschriften beider Parteien vollziehen.

- Dank für das Kommen aussprechen. Viel Freude und Erfolg z.B. mit dem gekauften Gegenstand wünschen. Visitenkarte dem Kunden überreichen. Sagen Sie zum Schluss: „Ich bin immer für Sie da, immer, wenn Sie es wünschen".

4.1.2.3 Kundenorientierten Beziehungsaufbau vom ersten Tag der Kontaktaufnahme mit dem Kunden anstreben.

Ob die Kontaktaufnahme per Telefon, per E-mail, per Fax oder persönlich vor Ort geschieht, behandeln Sie den Kunden so, als ob er bereits bei Ihnen Stammkunde wäre.
Beim ersten Kontakt, oder besser gesagt, der erste Eindruck wird von den Kunden besonders wahrgenommen. Hier reagiert der Kunde sehr sensibel auf Freundlichkeit, auf Entgegenkommen, auf Engagement, auf Professionalität etc.. Der Kunde merkt sofort, wie die Kundenorientierung im wahrsten Sinne des Wortes umgesetzt wird oder ob diese nur z.B. im Imageprospekt oder in der Homepage steht.

Der Empfang beim Unternehmen, ob an der Informationsstelle oder vom Verkäufer oder am Kundenberatungsservice ist der unmittelbar erste direkte Anlaufpunkt für den Kunden. Von hier ab sollte man beim Kunden einen wohltuenden Eindruck erwecken, hier bin ich willkommen, hier bin ich gut aufgehoben, hier bin ich

„König Kunde". Geht man so vor, dann sind die ersten Weichen eines persönlichen Vertrauensverhältnisses gestellt und der Kunde gewinnt den Eindruck, in diesem Unternehmen wird nicht nur Kundenorientierung geschrieben, sondern auch in die Praxis umgesetzt.

Wenn beim Empfang der Smalltalk zur Zufriedenheit des Kunden gelaufen ist, beginnt nun das eigentliche Verkaufs- oder Beratungsgespräch. Hier liegen die eigentlichen Schwerpunkte und die entscheidenden Schnittstellen in der Kundenorientierung.
Es hängt jetzt wesentlich vom Verkäufer oder Berater ab, wie er es versteht, mit seiner Ausstrahlungskraft, mit seinen rhetorischen Fähigkeiten, mit seinen Menschenkenntnissen und seiner fachlichen Kompetenz Kunden für einen Auftrag zu gewinnen.
Begeisterung, rhetorisches Können, Menschenkenntnisse und fachliche Kompetenz in Übereinstimmung mit dem Image des Unternehmens, sind die wichtigsten Herausforderungen für die Unternehmen unserer Zeit geworden, die durch eine erfolgreich organisierte und durchgeführte Kundenorientierung maßgeblich die Kundenbindung beeinflussen.

4.2 Kundenzufriedenheit

Die Kundenzufriedenheit ist das Ergebnis eines Vergleiches zwischen den Erwartungen des Kunden und dem Leistungs- und Nutzensangebot des Unternehmens. Zu beachten ist, dass primär der Kunde entscheidet, wie zufrieden oder unzufrieden er mit dem Angebot des Unternehmens ist.
Es liegt im Interesse des Unternehmens, alle möglichen Potenzen zu nutzen und weiter auszubauen, um durch vielfältige Methoden und Strategien den Erwartungen und Wünschen des Kunden gerecht zu werden.
Dazu zählen, neben der gezielten Kundenorientierung, die Qualität der Produkte und Dienstleistungen, der Erfolg in der Kundenberatung, die Qualität der Serviceleistungen und nicht zuletzt auch die Qualität der Reklamationsabwicklung.
Diese wechselseitigen Beziehungen und Anforderungen können nur in die Position der Kundenzufriedenheit gebracht werden, wenn der Kunde im Mittelpunkt des Unternehmens gestellt wird.

Welche Anforderungen ergeben sich für die Unternehmensleitung im Zusammenhang mit dem Kundenzufriedenheitsmanagement?

- Alle Leitungs-, Organisations- und Kontrollprozesse sind auf die Kundenzufriedenheit auszurichten und zwar unter dem Motto „ohne Kunden kein Absatz“, „ohne Absatz keine Mehr-Wert-Schöpfung“
- Einbeziehung aller Mitarbeiter in den Realisierungsprozess der Kundenzufriedenheit
- Schaffung von Motivationsmöglichkeiten für die Mitarbeiter als Voraussetzung für motivierte Kunden. Denn hoch motivierte, begeisterte, sachkundige Mitarbeiter, die im Denken und Handeln das Unternehmen würdig vertreten, sind ein wichtiges Potential für die Kundenzufriedenheit.
- Kontinuierliche Durchführung von Kundenbefragungen zur Kundenzufriedenheit. Kundenbefragungen bringen dem Unternehmen einen doppelten Nutzen. Einerseits erfährt das Unternehmen, was die Kunden wünschen und wie zufrieden sie mit dem Angebot des Unternehmens sind, anderseits hält das Unternehmen engen Kontakt zum Kunden, gibt ihm das Gefühl, für das Unternehmen wichtig zu sein und bereitet so den Weg für weitere Einkäufe bzw. Aufträge vor.
- Situationsangepasstes Reagieren mit Sonderangeboten, Kulanzangeboten, Werbeangeboten, Rabatten etc. als Mittel für eine erweiterte Kundenzufriedenheit und als Lockmittel zur Erweiterung des Kundenstammes.

Welche Merkmale sind ausschlaggebend für eine Kundenzufriedenheit als Mehr-Wert-Schöpfender-Faktor?

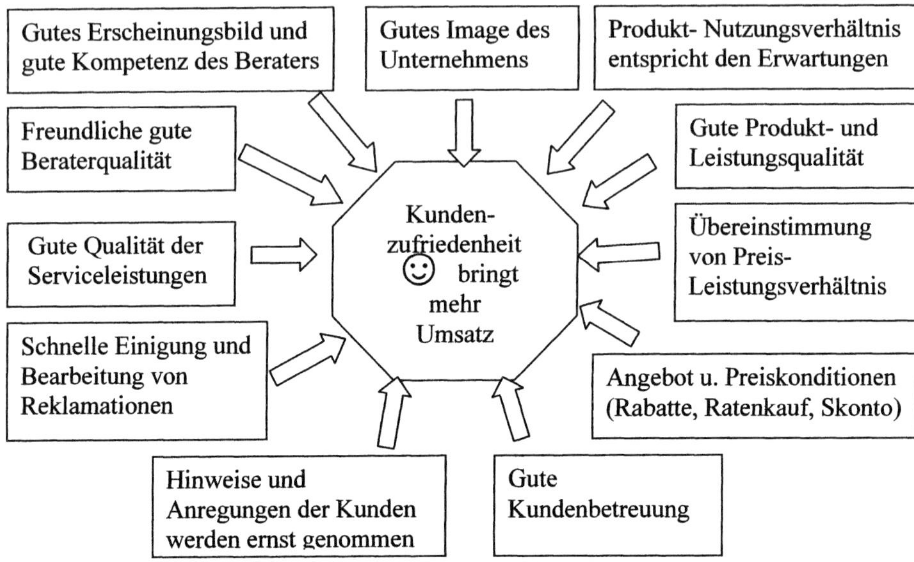

Fazit: Der Kunde ist die wichtigste Person für das Unternehmens und sollte auch so aufgenommen und behandelt werden. Er ist und bleibt der Geldgeber. Ohne Kunden kein Umsatz, ohne Umsatz keine Mehr-Wert-Schöpfung, ohne Mehr-Wert-Schöpfung keine Existenz.

Neben der harten Konkurrenz auf den Märkten um Produkte und Dienstleistungen, nimmt die Rolle der Kundenzufriedenheit eine dominierende Stellung ein.
Die Märkte sind gesättigt, die Anzahl der Anbieter steigt ständig, das Angebot an Waren und Produkten ist vielfältig und austauschbar und die Billiganbieter bekämpfen sich gegenseitig.
Deshalb gibt es nur einen Ausweg, sich auf dem Markt zu behaupten

– die Kundenzufriedenheit.

Sie ist und bleibt die wichtigste Alternative, um den Umsatz zu steigern, den Gewinn zu erhöhen und die Mehr-Wert-Schöpfung zu sichern.

Umsatzrückgänge werden überwiegend durch Auftragsrückgänge ausgelöst und sind in den meisten Fällen mit der Verschlechterung der Kundenzufriedenheit verbunden. Ist die Kundenzufriedenheit gut, dann ist auch eine gute Auftragslage zu verzeichnen, die sich insbesondere darin äußert, dass Kunden öfter kaufen, Stammkunden werden für Neukunden werben und somit helfen, den Stammkundenkreis des Unternehmens zu erweitern.
<u>Welches können die Ursachen einer schlechten Kundenzufriedenheit sein?</u>

Hier eine Auswahl von möglichen Ursachen:

- Rückgang der Kundenloyalität gegenüber dem Unternehmen
- Verschlechterung der Serviceleistungen in Verbindung mit der gekauften Ware und der Erfüllung von Dienstleistungen
- Rückgang des Qualitätsangebotes von Waren und Dienstleistungen
- Verschlechterung des Preis- Leistungsverhältnisses
- Zunahme an Reklamationen und ihre nachlässige Bearbeitung und Abwicklung
- Probleme bei der Termineinhaltung von Kundenaufträgen
- Vernachlässigung von Kundenkontakten zu Fragen der Kundenzufriedenheit, Erfüllung der Kundenerwartungen, Kundenbetreuung, Kundenberatung
- etc.

Der einzige Ausweg, um lückenlos die Ursachen aufzudecken und diese einer Lösung zuzuführen, wäre die Kundenbefragung.

Hier ein Praxisbeispiel eines ausgewählten Unternehmens:

Das Unternehmen hatte seit einiger Zeit einen ständigen Rückgang an Stammkunden und nur einen geringen Teil an Neukundenzugang. Damit verbunden ging auch der Umsatz rapide um 30 % zurück. Die Liquidität reichte nicht mehr aus, um anfallende Kosten zu decken und erst recht nicht für Neuinvestitionen.

Die Unternehmensleitung wollte nun die Ursachen wissen, warum es dazu gekommen ist. In gemeinsamer Beratung mit Unternehmensleitung und den Mitarbeitern konnten zwar Problemfelder angesprochen werden (wie z.B.:"Wie kommen wir bei den Kunden an?"; „stellen wir den Kunden noch in den Mittelpunkt unseres Handelns?"; „wie ist es um unsere Produkt- und unsere Arbeitsleistungsqualität bestellt?"; „halten wir versprochene Termine immer ein?" usw.), jedoch die Ursachen konnten nicht geklärt werden, weil diese losgelöst von der Meinung der Kunden diskutiert wurden.
Man kam zu dem Entschluss, eine Kundenanalyse bzw. Kundenbefragungen, sowohl mit dem verbliebenen Stammkundenkreis als auch mit den bereits abgewanderten Kunden durchzuführen. Es wurde dazu ein auf die Spezifik des Unternehmens bezogenes Befragungsmodell entwickelt. Mit diesem Befragungsmodell soll erreicht werden, dass der Kunde zu Wort kommt und sagen soll, was er vom Unternehmen hält, wo es Schwachstellen gibt, in welcher Richtung er zufrieden ist bzw. in welcher unzufrieden.

Als Methode bzw. als Form der Befragung entschied sich die Unternehmensleitung für die schriftliche Befragung als die effektivere, da die Kunden mehr Zeit für die Beantwortung der Fragen haben und nicht unter Einfluss von Mitarbeitern des Unternehmens stehen.

Um eine hohe Rücklaufquote zu erreichen, wurde Folgendes festgelegt:

- für den Kunden nachvollziehbare Fragen kurz und präzise zu stellen
- die Anzahl der Fragen gering zu halten
- einen adressierten und frankierten Umschlag beizulegen
- eine Anleitung zum Ausfüllen des Fragebogens mit Skizze anzufertigen
- ein persönliches Anschreiben beizulegen
- keine Alternativfragen zu stellen
- keine Fragen stellen, die bedenkenlos sind oder den Kunden persönlich nicht betreffen

Für die schriftliche Befragung wurden sechzig Kunden ausgewählt.

Folgendes Befragungsmodell mit entsprechenden Bewertungskriterien über die Kundenzufriedenheit gegenüber dem Unternehmen wurde den Kunden zugeschickt:

Fragebogen zur produkt- oder dienstleistungsbezogenen Kundenzufriedenheit eines Unternehmens

Skala 1 (sehr gut)
Skala 2 (gut)
Skala 3 (weniger gut)
Skala 4 (ungenügend)
Kurze v.B. = kurze verbale Bewertung der Einzelfragen einschließlich Vorschläge

Fragen	Bewertung nach Skalen				
	1	2	3	4	kurze v.B.
1. Produkt- oder Dienstleistungsbezogene Fragen.	___	___	___	___	___
• Qualität des Produktes oder der Dienstleistung					
• Qualität der durchgeführten Arbeiten					
• Preis- Nutzensverhältnis					
• Qualität- Preisverhältnis					
• Preiskonditionen (Rabatte, Skonto etc.)					
• Serviceleistungen					
• Austauschbarkeit von Teilen					
• Bedienungskomfort					
• Termineinhaltung bei Lieferung oder Installationsarbeiten					
• Materialgüte (Präzision, kein Verschleiß)					
• Qualitätsgarantien (Gütesiegel, Messergebnisse)					
• Sicherheitsgarantien					
• Umweltfreundlichkeit					

Fragebogen zu kundenberaterbezogenen Befragungen eines Unternehmens

Skala 1 (sehr gut)
Skala 2 (gut)
Skala 3 (weniger gut)
Skala 4 (ungenügend)
Kurze v.B. = kurze verbale Bewertung der Einzelfragen einschließlich Vorschläge

Fragen	Bewertung nach Skalen				
	1	2	3	4	kurze v.B.
2. Kundenberaterbezogene Befragungen	___	___	___	___	___
• Image des Beraters / Mitarbeiters					
• Erscheinungsbild des Beraters / Mitarbeiters (Ausstrahlung, begeisterungsfähig, kompetent etc.)					
• Rhetorik des Beraters/ Mitarbeiters					
• Fachliche Kompetenz des Beraters / Mitarbeiters					
• Vertrauen zum Berater / Mitarbeiter					
• Flexibilität des Beraters / Mitarbeiters					
• Verständliche Darstellung von Produkt und Dienstleistungen					
• Problemlösungsfähigkeit bei Produktangelegenheiten					
• Preisangelegenheiten					
• Termineinhaltung des Beraters / Mitarbeiters					

Fragebogen zu serviceleistungsbezogenen Fragen eines Unternehmens

Skala 1 (sehr gut)
Skala 2 (gut)
Skala 3 (weniger gut)
Skala 4 (ungenügend)
Kurze v.B. = kurze verbale Bewertung der Einzelfragen einschließlich Vorschläge

Fragen	Bewertung nach Skalen				
	1	2	3	4	kurze v.B.
3. Serviceleistungsbezogene Fragen	___	___	___	___	___
• Gestaltung des Empfangs					
• Kompetenz des Servicepersonals					
• Kulanz bei Serviceleistungen (z.B. Umtausch, Reklamationen etc.)					
• Qualität der Garantieleistungen					
• Qualität des Wartungs- und Reparaturdienstes einschließlich Inspektion					
• Ersatzteildienst					
• Aufstelldienst, z.B. bei Anlagen					
• Inbetriebnahme von Anlagen					
• Termineinhaltung					
• Flexibilität des Services, z.B. Service rund um die Uhr					
• Parkmöglichkeiten					
• Kundenbetreuung nach dem Kauf eines Produktes oder nach Realisierung einer Dienstleistung					
• Kundenweiterbetreuung nach Ablauf der Garantieleistungen					
• Hotline-Service					

Fragebogen zur reklamationsbezogenen Befragung eines Unternehmens

Skala 1 (sehr gut)
Skala 2 (gut)
Skala 3 (weniger gut)
Skala 4 (ungenügend)
Kurze v.B. = kurze verbale Bewertung der Einzelfragen einschließlich Vorschläge

Fragen	Bewertung nach Skalen				
	1	2	3	4	kurze v.B.
4. Reklamationsbezogene Befragung	___	___	___	___	___
• Wie war der Empfang					
• Wie war die Abwicklung der Reklamation?					
• Kulanz bei der Reklamation					
• Wie bewerten Sie den Gesamteindruck der Reklamationsbearbeitung?					
• Wie bewerten Sie die Kundenzufriedenheit nach der Reklamation?					
• Erreichbarkeit der zuständigen Mitarbeiter					

Auswertung und Schlussfolgerungen aus der Befragung zur Kundenzufriedenheit

Die Auswertung ergibt folgendes Bild:

Von den 60 befragten Kunden:

gaben 5 Kunden die Note 2	x	5 =	10	220 : 60 = 3,67
gaben 10 Kunden die Note 3	x	10 =	30	
gaben 45 Kunden die Note 4	x	45 =	180	
= 60		=	220	

Damit wurde ein Mittelwert von 3,67 erreicht.

Der Mittelwert von 3,67 ist ein relativ schlechtes Ergebnis, das von den Kunden bescheinigt wurde.

Die Schwerpunkte der schlechten Bewertung und der verbalen Einschätzungen der Kunden (3-4) liegen insbesondere in folgenden Bereichen und Einzelfragen:

- in der schlechter gewordenen Produkt- und Arbeitsqualität
- in der schlechter gewordenen Qualität der Serviceleistungen
- in der Nichteinhaltung von Terminen für Produktlieferung und Arbeitsleistungen
- in der relativ schlechten Kundenberatung durch Mitarbeiter des Unternehmens
- in der Reklamationsabwicklung
- in der Verschlechterung der Kundenorientierung und Kundenbeziehung
- in der negativen Entwicklung des Images

Nach kritischer Analyse und Auswertung durch die Unternehmensleitung gemeinsam mit den Mitarbeitern zur Kundenbefragung wurde für die weitere Arbeit zur Verbesserung der Kundenzufriedenheit Folgendes festgelegt:

Mit sofortiger Wirkung wird durch das Unternehmen ein Informations- und Kontrollsystem entwickelt, mit der Zielstellung, den Kunden in den Mittelpunkt des Handelns zu stellen, die Produktqualität und die Qualität der Arbeitsleistung so zu verbessern, dass sie den Kundenanforderungen gerecht werden sowie Terminversprechungen einzuhalten, Reklamationen zur vollsten Zufriedenheit der Kunden abzuwickeln und nicht zuletzt die Kundenberatung kundenfreundlicher und kompetenter zu gestalten.

Aus der Zielstellung des zu erarbeitenden Informations- und Kontrollsystems leiten sich im einzelnen folgende Einzelaufgaben ab, die vom Unternehmensmanagement auf die Einhaltung hin kontrolliert und im Konkreten abgerechnet werden:

1. In allen Handlungsprozessen sind alle Anstrengungen sowohl die der Unternehmensleitung als auch die aller Mitarbeiter auf die Kundenzufriedenheit auszurichten. Von der Beratung mit den Kunden, Auftragserteilung, Auftragserfüllung bis zur Nachbetreuung muss der Kunde im Mittelpunkt stehen. Es muss sich in der täglichen Arbeit bei allen Mitarbeitern der Grundsatz einprägen: „Ohne Kunden geht gar nichts, ohne Kunden keine Aufträge, ohne Aufträge keinen Umsatz, ohne Umsatz kein Unternehmen, ohne Unternehmen keine Arbeit!"

2. Alle Mitarbeiter, die unmittelbar Kontakt mit den Kunden haben, werden von der Unternehmensleitung in Form von Workshops z.B. zu Verhaltensregeln, zu Umgangsformen, zu mehr Kompetenzaneignung etc. geschult und auf deren Umsetzung verpflichtet.

3. Alle Informationen, die sich im Zusammenhang mit der Auftragsabwicklung bei den Kunden im Hinblick auf die Kundenzufriedenheit oder Kundenunzufriedenheit ergeben und von Bedeutung sind, sind sofort an die Unternehmensleitung für die Auswertung weiterzuleiten.

4. Bei Qualitätsverstößen in der Auftragserfüllung von Mitarbeitern an den Kunden werden mit sofortiger Wirkung diejenigen Mitarbeiter in Form von Abmahnungen zur Verantwortung gezogen, die selbstverschuldet schlechte Qualitätsarbeit geleistet haben. Bei wiederholter Abmahnung droht die Entlassung.

5. Die Beratung mit den Kunden wird von der Unternehmensleitung selbst durchgeführt oder von kompetenten Mitarbeitern, die von dem Leitungsmanagement beauftragt werden.

6. Die angebotenen Serviceleistungen in Verbindung mit dem gekauften Produkt oder den erfüllten Dienstleistungen oder in Form von Zusatzleistungen sind zu erweitern und qualitätsmäßig zu verbessern sowie abrechenbar zu gestalten.

7. Für die Neukundengewinnung ist die Werbung neu zu aktivieren. Es sind solche Werbemethoden zu wählen, die den Kunden am besten ansprechen. Dabei stehen das Qualitätsangebot, die Erweiterung der Serviceleistungen, die Verbesserung des Images in der Öffentlichkeit etc. im Vordergrund.

8. Alle Termine mit den Kunden werden ab sofort von der Unternehmensleitung nicht nur vergeben, sondern auch auf ihre Einhaltung überwacht. Bei

Nichteinhaltung von Terminen wird der jeweilige Mitarbeiter zur Verantwortung gezogen.

9. Alle Reklamationen der Kunden werden ernst genommen und im gemeinsamen Einvernehmen zwischen Kunden und Unternehmen gelöst. Dabei sind Kulanzlösungen in Kauf zu nehmen. Denn lieber Kulanzlösungen hinnehmen und dafür den Kunden behalten, als ihn zu verlieren. Dieser Kunde fühlt sich dann gut behandelt und ist so motiviert, dass er diese Botschaft an andere Kunden weitervermittelt und somit zum Werbeträger des Unternehmens wird.

10. Es wird mit sofortiger Wirkung in ca. 2-3 Wochen nach Rechnungslegung dem Kunden ein Fragebogen zugeschickt, wo der Kunde die Möglichkeit hat, seine Einschätzung über die Auftragserfüllung darzulegen. Diese Befragung ist für das Unternehmen ein wichtiges Signal von den Kunden, inwieweit die Kundenzufriedenheit umgesetzt wurde.
Die Fragen beziehen sich auf folgende Schwerpunkte, die mit vier Skalen: sehr gut, gut, zufrieden oder unzufrieden vom Kunden zu bewerten sind.

    1. Frage: Wie schätzen Sie die Beratung und den Verkauf ein?
    2. Frage: Wie schätzen Sie die Einhaltung des vereinbarten Termins ein?
    3. Frage: Wie schätzen Sie die Qualität des Produktes oder der Dienstleistung ein?
    4. Frage: Wie schätzen Sie die Qualität der Arbeitsleistung der Mitarbeiter ein?
    5. Frage: Haben wir unser Versprechen als Unternehmen eingehalten?
    6. Frage: Welche verbale Einschätzung möchten Sie noch hinzufügen?

    Nach Erhalt der Kundeneinschätzungen erfolgt dann kurzfristig die Auswertung durch die Unternehmensleitung und die Weitergabe der Informationen an die Mitarbeiter. Bei negativen Einschätzungen durch den einen oder anderen Kunden erfolgt eine individuelle Beratung und Auswertung gemeinsam mit der Unternehmensleitung, den zuständigen Mitarbeitern und den jeweiligen Kunden vor Ort.

11. Zur Verbesserung der Kundenorientierung wird eine umfassende Ausrichtung des Unternehmens auf die Erwartung und auf die allseitige Befriedigung der Wünsche und Bedürfnisse der Kunden entwickelt. Den Kunden mehr als bisher in den Mittelpunkt unternehmerischen Handelns zu stellen soll sich in Zukunft wie ein roter Faden durch alle Prozesse und Ebenen, angefangen von der Unternehmensphilosophie bis hin zur Absatzstrategie, von der Geschäftsführung bis zu jedem einzelnen Mitarbeiter durchziehen.

Dabei stellt sich das Unternehmen folgende Anforderungen:

- Durchsetzung eines kundenorientierten Denkens und Handelns aller Beschäftigten des Unternehmens
- allseitige Befriedigung der Bedürfnisse und Wünsche aller Kunden
- Stärkung des Vertrauensverhältnisses zwischen dem Unternehmen und den Kunden, so zum Beispiel:

  - das Versprechen zu halten,
  - Qualitäts- und Serviceleistungen einhalten,
  - Reklamationen Problemlos abwickeln,
  - Terminabsprachen konsequent einhalten,
  - etc.

- Verbesserung und Ausbau der Kundenbeziehung im Hinblick auf Informationsverbesserung, Nachbetreuung, Statuserweiterung für Stammkunden (Konditionen, Sonderangebote etc.), Werbemaßnahmen etc.

<u>Fazit für das Unternehmen:</u>

Nach Umsetzung der konzeptionellen Festlegungen und Neupositionierung zur Verbesserung der Kundenzufriedenheit, konnte das Unternehmen sukzessiv nach einem Jahr der Kundenbefragung ihren Umsatz steigern.
Bereits im zweiten Jahr nach der Befragung schreibt das Unternehmen wieder schwarze Zahlen und verfügt nun wieder über eine sichere Einnahmequelle.

Schlussfolgernd für andere Unternehmen, die gleichgelagerte Probleme haben, sollte analog verfahren werden, nach dem Motto: „Fragen Sie Ihre Kunden und diese werden Ihnen sagen, wo Ihre Stärken und Schwächen liegen, wo Handlungsbedarf Ihrerseits notwendig wird."
Denn Kunden wissen mehr über Ihr Unternehmen, als Sie denken. Kunden sind der Wegweiser und der rote Faden für eine erfolgreiche Wertschöpfung.

5. Liquiditätssicherung zur Chefsache erklären

Bereits bei der Gründung des Unternehmens rückt die Mittelverwaltung des Finanz- und Liquiditätsmanagements in den Vordergrund der Unternehmensleitung. Sie beginnt mit der Bereitstellung und des effektiven Einsatzes von Eigen- und Fremdkapital, sowie der planmäßigen Sicherung der Liquidität.

Im Mittelpunkt des Handelns der Geschäftsleitung stehen dabei insbesondere:

- die Übereinstimmung zwischen den Zielen des Unternehmens und der Finanz- und Liquiditätsplanung
- die Ergebnisplanung
- die Bilanzierungsplanung
- die Liquiditätsplanung als der wichtigste Teil der Finanzplanung
- der periodische Soll-Ist-Vergleich der Finanz- und Liquiditätsplanerfüllung und
- die Festlegung notwendiger Maßnahmen bei Planabweichungen bzw. Liquiditätsproblemen.

Ziel der unternehmerischen Mittelverwaltung und aller Entscheidungen der Unternehmensleitung ist immer die Frage der Liquiditätssicherung, nämlich die tägliche Zahlungsfähigkeit, die immer verbunden ist mit dem Verhältnis der Zahlungseingänge (einschließlich Kassenbestand) zu den Zahlungsausgängen. Dabei sollten die Zahlungseingänge grundsätzlich höher liegen. Zahlungseingänge und Zahlungsausgänge sind für das Liquiditätsmanagement die wichtigsten Überwachungen und Kontrollmechanismen der Unternehmensleitung.

Mit Hilfe von Soll-Ist-Vergleichen lassen sich Ursachen und Abweichungen analysieren und Zahlungsprobleme aufdecken. Auch Veränderungen der Markt- und Preissituationen und andere Einflüsse können in Erfahrung gebracht werden.
Der Soll-Ist-Vergleich als die wichtigste Informationsquelle über die Liquiditätssituation sollte nicht erst in kritischen Finanzierungsengpässen durchgeführt werden, denn dann kann es schon zu spät sein, sondern möglichst täglich oder wöchentlich, aber spätestens monatlich. Unternehmen sind gut beraten, wenn die Kontrolle der Geldströme von der Unternehmensleitung als oberstes Anliegen oder noch besser als „Chefsache" im täglichen Handeln erklärt wird.

Die Liquiditätsüberwachung verbindet den Prozess der Planung, Kontrolle und Steuerung mit der Informationsversorgung zur Liquiditätsproblematik. Controlling erfüllt die Steuerfunktion der Unternehmensführung. Ob externes oder internes Controlling, Controlling ist und bleibt eine Angelegenheit der Geschäftsführung. Letztendlich muss der Chef entscheiden und die Steuerfunktion vollverantwortlich übernehmen.

Controlling ist kein einmaliger, sondern ein ständiger Prozess der Informationssammlung zur Unterstützung der Überwachung und Steuerung der einmal festgelegten Zielstellungen und der sich auf Grund der veränderten Rahmenbedingungen und Gesetzesveränderungen zu aktualisierenden Unternehmensstrategien.

Diese Prozessentwicklungen setzen ständige Analysen des bisherigen Entwicklungsstandes der Liquidität in den kurz-, mittel- und langfristigen Zielen voraus, um Fehlentwicklungen und Abweichungen festzustellen bzw. sichtbar zu machen. Werden Fehlentwicklungen und Abweichungen sichtbar gemacht, gilt es sofort zu reagieren, um diese durch entsprechende Maßnahmen oder Schlussfolgerungen zu korrigieren.

Fazit: Ein Unternehmen hat nur dann Erfolg, wenn es schnell auf veränderte Bedingungen reagiert und mit Hilfe konkreter Schlussfolgerungen und Maßnahmen den entstandenen Problemen gegensteuert.

Die Aufgabe der Überwachung und des Controllings unterscheiden sich in vier Bereiche, die eng miteinander korrespondieren.

1. Planung

Sie basiert auf unterschiedliche Zielsetzungen im Rahmen des Finanzplanes zur Sicherung einer stabilen Liquidität. Hier wird festgelegt, wie diese Ziele als Soll-Werte zu erreichen sind. Die Ziele stehen im engen Zusammenhang mit der Budgetplanung und deren Vorgaben, die im einzelnen für die Bereiche Einnahmen, Ausgaben etc. und für die einzelnen Verantwortungsbereiche aufgeschlüsselt werden. Der Schwerpunkt des Überwachungs- und Controllingmanagements liegt nun darin, die im Plan fixierten Ziele und Aufgaben kontinuierlich zu erfüllen. Gibt es Abweichungen zum Plan, muss sofort gehandelt werden. Zur Erkundung der aktuellen Situationslage ist ein permanenter Soll-Ist-Vergleich die beste Methode und Informationsquelle, um Defizite in der Planabwicklung zu erkennen und darauf Einfluss zu nehmen.

2. Informationsversorgung

Sie dient zur Informationssammlung, Weitergabe und Auswertung wichtiger Daten für die Sicherstellung der Liquidität. Mit Hilfe der Informationsdatenträger können Frühwarnsignale gegeben werden, so z.B. über Liquiditätskennziffern, über Cash-Flow und Rentabilitätskennziffern, ob der Liquiditätsprozess positiv oder negativ verläuft.

3. Kontrolle

Sie besteht darin, die Soll-Werte und die Analyse der Soll-Ist-Entwicklung der Liquidität in Verbindung mit der Budgetkontrolle zu überwachen.

Die Kontrolle und Überwachung sollte kein einmaliger, sondern ein ständig sich wiederholender Prozess sein. Möglichst wöchentlich, aber spätestens monatlich wäre eine solche Analyse für das Liquiditätsmanagement für die Entscheidungsfindung von Bedeutung.

4. Steuerung

Sie hat die Aufgabe, auf der Basis der Kontrollergebnisse, konkrete Maßnahmen, z.B. bei Liquiditätsproblemen, festzulegen.

Die Festlegung sollte in konkreter Form und Verantwortlichkeit für die Erfüllung der Aufgaben, des Zeitpunktes der Realisierung und der Effektivität bei der Umsetzung der Maßnahmen fixiert werden. Leider wird die Steuerung im Sinne des Controllings vor allem in den Klein- und Mittelbetrieben oft von der Unternehmensleitung vernachlässigt. Es wird oft nicht rechtzeitig bemerkt oder gegengesteuert, wenn sich Veränderungen in den Bereichen der Markt- und Nachfragebedingungen, sowie der Wettbewerbsbedingungen auftun.

Erst wenn Zinsen oder Löhne nicht mehr bezahlt werden können, stellt sich die Unternehmensleitung die Fragen: „Wie kommt es dazu?“; „was haben wir falsch gemacht?“; „es funktionierte doch bisher alles gut.“

All diese gestellten Fragen lassen sich wie folgt beantworten:

- Es wurde nicht rechtzeitig auf Abweichungen reagiert und darauf Einfluss genommen.
- Die Kontrollmechanismen, wie Soll-Ist-Vergleich, tägliche Überwachung der Zahlungseingänge, Kreditüberprüfungen, Liquidität etc. wurden zum Teil verschlammt oder aus zeitlich-organisatorischen Problemen in den Hintergrund gestellt.
- Es fehlt oft das Problembewusstsein, weil man annimmt, alles im Kopf zu haben, oder es ging doch bisher alles gut und reibungslos. Spätestens beim Eintreten von Liquiditätsproblemen wird die Unternehmensleitung mit den Tatsachen konfrontiert, dass ohne Controlling des Finanz- und Liquiditätsplanes kein Unternehmen auf Dauer bestehen kann.

6. Konzentration auf profitable Produkte durch Fokussierung und Innovation

6.1 Fokussierung

Profitable Produkte hängen unmittelbar davon ab, welches Produkt oder welche Dienstleistung zum Kerngeschäft des Unternehmens gehört und welches aus dem Produktportfolio genommen werden sollte.
Einige Unternehmen tun sich schwer, sich von dem einen oder dem anderen Produkt oder Dienstleistung zu trennen, obwohl diese schon längst aus Kosten- und Einnahmengründen nicht mehr zum eigentlichen Kerngeschäft gehören.

<u>Argumente dazu wie zum Beispiel:</u>
Vielleicht verbessert sich die Produktnachfrage. Wenn ich mich von dem Produkt trenne, dann habe ich weniger Umsatz. Ich habe viel Geld in das Produkt investiert.

Einige Unternehmen, insbesondere solche, die ein umfangreiches Produktsortiment besitzen, sind oft in Unkenntnis, welches Produkt bzw. welche Dienstleistungseinheit profitabel ist.
Die einzige Alternative, um die Kosten zu senken und mehr Gewinn zu erwirtschaften könnten folgende Fokussierungsmöglichkeiten sein:

1. Produkte, die den höchsten Mehr-Wert gegenwärtig und voraussichtlich auch zukünftig erzielen.

2. Produkte, die einen hohen strategischen Wert, Wettbewerbs- und Marktvorteile, einnehmen.

3. Trennen Sie sich ohne zu zögern, von solchen Produkten, die nicht den Erwartungen der Gewinnerwirtschaftung entsprechen.

4. Erweitern Sie das Potential Ihrer erfolgreichen Produkte / Dienstleistungen mit mehr:
   - Umsatz im Rahmen der Nachfragepotentiale
   - Innovation für neue Produktideen
   - Forschung und Entwicklung auf zukunftsorientierte Erfolgspotentiale
   - Marktanteile und Marktführerschaft
   - Service / Qualität zur Umsatzsteigerung
   - Investitionen für neue und wettbewerbsfähige Technologien,
   - neue marktfähige Produkte mit einem hohen strategischen
   - Qualitäts- und Nachfragevorsprung

6.2 Produktinnovation

Produktinnovation hängt unmittelbar mit der Entwicklung und Einführung neuer, hochwertiger, profitabler und wettbewerbsführender Produkte zusammen. Sie ist ein wesentlicher Bestandteil strategischer Produktentwicklung.

Die Produktinnovation verläuft in zwei Richtungen:

1. In die Produktdifferenzierung, in dem die Entwicklung und Vermarktung zusätzlicher Produkte als Abwandlung bestehender Produkte einhergeht, mit dem Ziel marktführend wirksam zu werden.

2. In die Produktdiversifikation, in dem zu den bisherigen Produktangeboten neue, andersartige Produkte oder Produktgruppen in das Leistungsprogramm integriert werden.

   Dabei sollten u.a. folgende Ziele gesetzt werden:

   - Wettbewerbsvorsprung
   - optimale Preis- und Leistungsführerschaft
   - optimale Kundenorientierung
   - Einmaligkeitsfaktoren besitzen
   - nachweisliche Mehr-Wert-Schöpfung

Wie verläuft der Prozess von der Ideenfindung bis zur Produkteinführung?

1. Etappe:
Produktideenfindung über Marktforschung, Neuererwesen, Kundennachfragen, Absatzmittler, Konkurrenzanalyse, Erfahrungswerte etc.

2. Etappe:
Vorauswahl der Produktideen mit Hilfe von Checklisten und Ermittlung der Rangfolgenbewertung 1 und 2
(1 = guter innovativer Wert, 2 = nicht verwertbare Ideen)

3. Etappe:
Auswahl der besten Produktideen aus der Bewertungsgruppe 1, guter innovativer Wert.
Zur Ermittlung könnten z.B. folgende Mess- und Analyseninstrumentarien Aufschluss über die beste Produktidee geben:

- Break-Even-Analyse zur Ermittlung der Gewinnschwelle
- Kapitalwertmethode zur Ermittlung der Vorteilhaftigkeit einzelner Investitionsobjekte

- Kapitalrückflussmethode zur Beurteilung der Wirtschaftlichkeit von Investitionsobjekten

4. Etappe:
Ist die Produktentwicklung, die sich mit den technischen und gestalterischen Parametern befasst.
Bei den technischen Parametern geht es um die Herstellung eines ersten Modells bzw. Prototyps und deren funktionelle Anforderung, die von den Kunden/Käufern gestellt werden. Dabei steht die Auswahl des geeigneten Materials, der Gebrauchswert und die Benutzerfreundlichkeit im Vordergrund.
Bei der gestaltungsbezogenen Entwicklung geht es vor allem um die Lebensdauer, um das Design, um hohe Gebrauchseigenschaften, um Fehlerfreiheit, um Haltbarkeit etc. Dazu kommen die Werbewirksamkeit, die Einzigartigkeit des Produktes und die positive Identifikation der Kunden mit dieser Neuentwicklung.

5. Etappe:
Ist die Produktprüfung, die unter Labor- oder Marktbedingungen erfolgt.
Sie dient in erster Linie dazu, anhand von Merkmalen bzw. Kriterien, die Funktions- und Leistungsfähigkeit und die Zuverlässigkeit des Produktes zu testen.
Der Test unter Marktbedingungen, der außerhalb des Unternehmens vorgenommen wird, hat das Ziel, Informationen über das Markt- und Kaufverhalten zu erhalten.

6. Etappe:
Ist die Produkteinführung, die nach einem erfolgreichen Test vorgenommen wird.
Bei der Überleitung des erfolgreich getesteten, marktreifen Produktes kommt es darauf an, eine gute Marketingstrategie zu entwickeln, die den Prozessablauf effizient steuert und zwar über Management, Planung, Organisation und Controllingsystem.

Was zeichnet ein neu entwickeltes und auf dem Markt etabliertes Produkt aus und welchen Einfluss hat es auf die Marktführerschaft?

Hier einige ausgewählte Einflussfaktoren:

1. Der Einmaligkeitsfaktor des Produktes durch:
   - Leistungs- und Kostenführerschaft
   - bessere Qualität
   - bessere Gebrauchswerteigenschaften
   - Fehlerfreiheit
   - bessere Haltbarkeit
   - längere Lebensdauer
   - bessere Austauschbarkeit von Teilen und Baugruppen
   - ausgezeichnetes Serviceangebot
   - gutes Preis- und Leistungsverhältnis
   - glamourendes Design

2. Der Wettbewerbsvorsprung mit dem neuen Produkt durch:
   - Marktführerschaft
   - Segmentführerschaft
   - bessere Standarteigenschaft
   - Kundenzufriedenheit
   - bessere Anpassung an die Veränderungen des Kernmarktes
   - besseren Ressourcenwert
   - besseres Know-how

3. Der Ressourcenvorsprung mit dem neuen Produkt durch:
   - bessere Positionierung auf dem Verbrauchermarkt
   - hoher Neuigkeitswert
   - hohe Flexibilität
   - Expansionsstärke
   - Wettbewerbsvorteile durch Leistungs- und Kostenführerschaft
   - positive Resonanz beim Käuferpotential
   - Steigerung der Nachfrage und Kundenzufriedenheit

4. Der Qualitätsvorsprung mit dem neuen Produkt durch:
   - hohen Produktwert
   - hohe Produkteigenschaft
   - gutes Qualitäts-, Leistungs- und Preisverhältnis
   - optimale Wertbeständigkeit
   - lang anhaltende Haltbarkeit
   - hervorragende Funktionalität
   - einfache Bedienbarkeit
   - flexible Austauschmöglichkeit von Teilen und Baugruppen
   - hohe Servicequalität für Kunden

7. Qualität vor Quantität

Alle Unternehmen stehen auf den Absatzmärkten in einem harten Wettbewerb, bei dem in zunehmendem Maße neben den Preisen die Qualität eine entscheidende Rolle spielt.
Damit wird unterstrichen, dass die Qualität der Produkte und Dienstleistungen sowohl für die Kunden als auch für die Unternehmen der zentrale Erfolgsfaktor sind.

Qualität prägt natürlich das Image des Unternehmens. Dieser „möglichst gute Ruf" muss hart erkämpft werden, das heißt, es geht um eine tägliche Herausforderung für Unternehmerinnen und Unternehmer und alle Mitarbeiter. Verantwortung und Risiko liegen in der Hand der Unternehmensleitung, aber jeder einzelne Akteur im Unternehmen trägt Verantwortung für eine umfassende Qualität seiner Arbeit.
Qualitätsmanagement im Unternehmen heißt auch Qualität in den Beziehungen zu den Kunden, im Zusammenwirken der Mitarbeiter und natürlich in den Abläufen zwischen Unternehmensleitung und den Mitarbeitern.

Qualität ist im internationalen und nationalen Verdrängungswettbewerb der entscheidende Wettbewerbsfaktor. Daraus schlussfolgernd ist die Qualität für die Unternehmen der wichtigste Maßstab, ob die Bemühungen und Anstrengungen bei der Planung, Entwicklung, Herstellung, Vermarktung und den Absatz von Produkten und Dienstleistungen erfolgreich waren.
Bestimmend für den Erfolg sind die Effizienz des Qualitätsmanagements und die daraus abgeleitete Wirksamkeit der Beziehungen zu den Kunden, zwischen den Mitarbeitern, zwischen Mitarbeitern und Führungskräften sowie zu den Kooperationspartnern (z.B. Lieferanten). Natürlich steht dabei die Produkt- oder Dienstleistungsqualität im Mittelpunkt, die darauf gerichtet sein muss, die Kundenanforderungen allseitig zu erfüllen.
Der Kunde verlangt vom Unternehmen nicht nur leistungsfähige Produkte oder Dienstleistungen zu akzeptablen Preisen, er fordert auch gleichzeitig gute und kompetente Beratung, qualitätsorientierte Serviceleistungen und eine bedarfsgerecht weiterführende Kundenbetreuung.
Vom Produkt oder der Dienstleistung fordert der Kunde u.a. Wertbeständigkeit, Haltbarkeit, Funktionalität und Leistungsfähigkeit.
Hält sich das Unternehmen an diese Qualitätsstandards, dann wird der Erfolg nicht ausbleiben, denn Qualität hat Priorität beim Kunden.
Der Kunde kauft nicht nur das Produkt, er kauft auch Qualität. Allerdings muss die Qualität mit dem Preis-Leistungsverhältnis übereinstimmen.
Qualität im Sinne der Definition ist kein starres Gefüge. Die Ansprüche an die Qualität verändern sich fortlaufend. Jedes Produkt oder jede Dienstleistung müssen darum regelmäßig auf den Prüfstand. Lassen sich z.B. durch Innovation, das Material, die Leistung, der Komfort und das Design entsprechend der Marktnachfrage verbessern, hat das Unternehmen mehr Chancen, sich auf dem Markt zu behaupten, weil es besser ist als der Mitbewerber.

Grundlage oder Leitfaden für die Verbesserung des Qualitätsstandards bildet das Qualitätsmanagementsystem auf unterschiedlicher Normbasis.

Auf das Unternehmen bezogen, müssen alle Bereiche, Abteilungen und alle Angehörigen des Unternehmens ausnahmslos an der Qualitätsverbesserung von Produkt- oder Dienstleistungen mitwirken. Ziel ist es, den Kundenanforderungen gerecht zu werden und die Kundenzufriedenheit allumfassend zu erfüllen.

Es ist davon auszugehen, dass es ohne ein leistungsfähiges Qualitätsmanagementsystem für das Unternehmen kaum möglich sein wird, sich den gegenwärtigen und künftigen Wettbewerbsbedingungen auf den Absatzmärkten zu stellen.
Qualitätsmanagement bedeutet weitaus mehr, als nur Qualitätssicherung. Sie setzt neue Maßstäbe, z.B. an die Verhaltensweisen, an das Prozessmanagement, an die Steuerungsmechanismen, an die Prüfstrategie und nicht zuletzt an die neuen Anforderungsstrategien der Kunden.
Dauerhafter Erfolg wird sich nur dann einstellen, wenn das ganzheitliche Qualitätsmanagementsystem in aller Konsequenz in allen Abläufen und Prozessen der Produktions- oder Leistungsherstellung, unter Berücksichtigung der Korrektur- und Vorbeugungsmaßnahmen umgesetzt wird. Dabei sollte die Produktivkraft Mensch, sprich Leitung und Mitarbeiter des Unternehmens, sich mehr als bisher für die ganzheitliche Umsetzung des Systems engagieren.

Fazit: Nur Unternehmer, die das ganzheitliche Qualitätsdenken beherrschen und umsetzen, werden sich im harten Konkurrenzkampf auf den Märkten behaupten können.

Die wichtigsten Kriterien, die die Qualität bestimmen und prägen, sollen nachfolgend aufgezählt werden:

7.1 Prozessorientierte Qualität

In Veröffentlichungen zur Produktion aber auch zum Handwerk oder zum Dienstleistungssektor und auch im Qualitätsmanagement ganz allgemein, kann man feststellen, dass Begriffe wie "Prozess", "Geschäftsprozess" oder "Prozessorientierung" eine immer größere Beachtung finden.
Die Qualität der Prozesse eines Unternehmens und deren Umsetzung werden dabei als ein entscheidender Wettbewerbsfaktor angesehen.
Das Prozessdenken soll gerade das Bewusstsein dafür schärfen, dass die in Unternehmen etablierte Arbeitsteilung mit den fixierten Schnittstellen kein Dogma darstellt und den Fluss im Unternehmen auch nicht hemmt, sondern forciert.

Es soll gesichert werden, dass entsprechend der sinnvollen Entwicklung der eine oder andere Prozess auch geändert werden kann.

7.2 Arbeitsqualität

Die Qualität der Arbeit wird vorrangig durch Kompetenz, Konformität mit den Vorgaben und geringe Fehler bestimmt.
Der weltweit verschärfte Wettbewerb, veränderte Arbeitsansprüche von Arbeitnehmern und auch Selbstbestimmungsabsichten haben in vielen Unternehmen betriebliche Reorganisationsprozesse in höherer Qualität und großer Wirkung nach sich gezogen. Neue Strategien der Arbeitsorganisation und -qualität setzen auf einen Abbau zeitraubender Kontrollmechanismen und auf intensivere Selbstbewertung jedes einzelnen Mitarbeiters.
Dadurch entsteht natürlich eine neue Qualität im Sinne der Anforderungen an die Persönlichkeitswerte der Arbeitskräfte.
Dies ist hinsichtlich des Zeitfaktors relativ leicht einzusehen, denn eine Selbstkontrolle der Arbeitsqualität ist wirtschaftlicher als eine Fremdkontrolle durch einen Vorgesetzten.
Das Spannungsfeld zwischen Selbstkontrolle und Fremdkontrolle der Arbeitsqualität wird es jedoch immer geben. Es wird immer Menschen geben, die nicht ehrlich und auch nicht ehrlich zu sich selbst sind. Wenn alle Mitarbeiter aber wenigstens verstanden haben, dass sie für das Unternehmen und damit für den Erhalt des eigenen Arbeitsplatzes Qualitätsarbeit leisten müssen, ist schon ein wichtiger Schritt getan.
Es ist einfach nicht mehr zu umgehen, dass alle Leistungspotenziale aller Mitarbeiter besser ausgeschöpft werden müssen.

Der veraltete „Arbeitnehmer-Begriff“ verändert sich inhaltlich und organisatorisch zum gut ausgebildeten „wirtschaftlich denkenden Mitunternehmer“, der im internen System wie ein Subunternehmer agiert.
Diesem neuen Mitarbeiter werden einerseits notwendige, weil effektivere Freiräume der Arbeitsausführung eingeräumt, andererseits wird ein erweitertes Arbeitsspektrum abverlangt, wodurch sich die Anforderungen an das Arbeitsvermögen und die Persönlichkeitsqualität gleichermaßen erhöht haben.

7.3 Produkt- und Servicequalität

Der Ruf nach mehr Produkt- oder Dienstleistungsqualität wird bei den Kunden immer lauter. Der überwiegende Anteil dieser Kunden stellt die Qualität in den Vordergrund und danach den Preis.
Stimmt die Produktqualität mit dem Preis überein, dann werden die Erwartungen des Kunden erfüllt.
Der Leitsatz Qualität geht vor Quantität, setzt sich immer mehr durch, weil viele Kunden mit den Billigangeboten enttäuscht worden sind, weil die gekauften Produkte zum Beispiel: geringe Zeiteinsparung brachten, geringeres Leistungsvermögen hatten, reparaturanfälliger waren, eine geringere Lebensdauer hatten und mit hohen Nebenkosten wie: Stromverbrauch, Wartungs- und Reparaturkosten verbunden waren. Oft sind es auch Auslaufmodelle die angeboten werden, ohne jegliche Garantieleistung.
Produkt-, Leistungs- und Servicequalität sind angesichts des zunehmenden Konkurrenzkampfes auf dem Wirtschaftsmarkt die wichtigsten Erfolgsfaktoren für das Image des Unternehmens. Der Kunde möchte stets ein Produkt kaufen, das eine hohe Qualität garantiert. Handelt es sich um eine handwerkliche Dienstleistung, so muss auch hier die Forderung des Kunden erfüllt werden, nämlich der Einsatz hochwertiger Werkstoffe oder Waren und die fach- und qualitätsgerechte Verarbeitung im Sinne der vom Kunden gewünschten Dienstleistung.
Qualitätsmanagement ist keine einmalige Angelegenheit, sondern ein fortlaufender Prozess, der den gesamten Produktions- und Dienstleistungsprozess durchdringt.

Qualität beginnt im Kopf, einmal als Führungsaufgabe der Unternehmensleitung und seiner Mitarbeiter, zum anderen als Verbesserung des Qualitätsbewusstseins insgesamt.

Aus dieser Tatsache nimmt das Qualitätsmanagement eines Unternehmens eine Schlüsselfunktion ein. Qualitätsmanagement heißt, Qualität in der Bedienung der Kunden, zwischen den Mitarbeitern, zwischen den Mitarbeitern und dem Leistungsmanagement sowie Beziehungen zu den Lieferanten und anderen Kooperationspartnern.

Service in Verbindung mit Produkt oder Dienstleistung gewinnt immer mehr an Bedeutung. Das Unternehmen mit einem besseren Service hat heute weitaus bessere Chancen und entscheidende Vorteile gegenüber Unternehmen mit geringem Service.
Durch zusätzliche Serviceleistungen, verbunden mit dem Kauf einer Ware oder Dienstleistung, kann das Unternehmen nicht nur ihren Umsatz steigern, sondern auch langfristig Kunden binden. Wird der Service gegenüber der Konkurrenz übertroffen, dann entscheidet sich der Kunde für das Unternehmen mit dem besseren Service.
Nicht der Kunde richtet sich nach der Servicequalität des Unternehmens, sondern das Unternehmen muss sich nach den Vorstellungen und Anforderungen des Kunden richten.

Meinungsumfragen zur Servicequalität haben ergeben, dass sich die Kunden oft über Folgendes beklagen:

- über den schlechten Umgangston
- über die schlechte Auftragserfüllung
- über die Nichteinhaltung von Zusagen
- über die schlechte Beratung
- über die hohen Preise, die nicht im Verhältnis zur Qualität stehen
- über mangelnde Reklamationsabwicklung
- über schlechte Kundennachbetreuung

Was versteht der Kunde unter Servicequalität?

Der Kunde versteht unter Service die Gesamtheit aller unterschiedlichen Leistungen in Bezug auf das Produkt, auf die Dienstleistungen, den Kundendienst, auf den Preis und das Image des Unternehmens.
Hier besteht eine enge qualitative Beziehung zum gekauften Produkt und den dazugehörigen Serviceleistungen. Produkt- und Servicequalität sind die Devise des Kunden. Werden diese beim Kauf eines Produktes und danach durch Serviceleistungen erfüllt, ist der Kunde zufrieden. Kommen noch persönliche Extraserviceleistungen hinzu, wenn z.B. das Auto eines Kunden zur Reparatur nicht nur abgeholt wird, sondern auch gewaschen zurückgebracht wird und der Kundendienst dem Kunden noch gute Fahrt wünscht, dann ist der Kunde nicht nur zufrieden, sondern begeistert von diesem Unternehmen.
Tatsachen aus der Praxis bestätigen es immer wieder, wo guter Service geboten wird, dort wird auch gerne gekauft. Service ist und wird immer mehr zum Schlüsselfaktor für eine Kaufentscheidung. Es ist nicht anzunehmen, dass sich ein Kunde bei der Wahl zwischen zwei gleich teuren Produkten oder Dienstleistungen für das mit dem schlechteren Service entscheiden wird. Guter Service, verbunden mit hoher Qualität, sind Ansprüche, die der Kunde an das Unternehmen stellt und ihn zum Stammkunden macht.

Der Kunde sieht in den Serviceleistungen die Gesamtheit aller Unternehmensaktivitäten. Nicht die einzelnen Elemente (z.B. Garantieleistungen) sind für ihn entscheidend, sondern die Komplexität aller Elemente und zwar in hoher Qualität.

Beispiel: Werden Wartungsarbeiten nicht termingerecht und in schlechter Qualität ausgeführt oder werden die versprochenen Qualitätsparameter beim Kauf eines Produktes nicht erfüllt, dann ist der Kunde enttäuscht. Er kauft dort nie wieder, er sucht sich ein anders Unternehmen. Die Glaubwürdigkeit und damit auch das Image dieses Unternehmens wird in Frage gestellt.

Im wesentlichen besteht der Produktservice aus drei Bestandteilen: dem Grad der Qualität, der Leistung und ihrer Zuverlässigkeit und dem Nutzen für den Kunden.
Für einige Kunden ist die Zuverlässigkeit nicht ganz so wichtig. Sie verzichten z.B. aus finanziellen Gründen auf ein vollständiges Servicepaket und möchten ein Teil des Services selbst übernehmen.
Der größte Teil der Kunden ist jedoch bereit, einen hohen Preis für einen kompletten Service zu bezahlen. Überwiegend sind es solche Kunden, die es sich finanziell leisten können oder auch solche, die aus Kenntnis- und Erfahrungsmangel nicht fähig und in der Lage sind, Teilserviceleistungen selbst zu übernehmen.
Diese Teilserviceleistungen können sein:
Zusammenbauen einer Wohnzimmereinrichtung oder die Installation eines gekauften PC oder das Einbauen von gekauften Fenstern oder Türen etc.

Wie möchte der Kunde die Produktserviceleistung oder den Dienstleistungsservice verwirklicht sehen, was interessiert ihn vordergründig, was erwartet er vom Servicedienst?

- Die problemlose Umtauschgarantie von Produkten, Durchsetzung von Schadenersatzforderungen oder Geld- zurück- Garantie
- Die Einhaltung der versprochenen Serviceleistungen termingerecht und in zugesagter Qualität
- Das Aufstellen, Anschließen und Einstellen von Geräten oder Anlagen, einschließlich Probelauf
- Die lückenlose Beseitigung von Produkt- und Anlagenfehlern, Störfunktionen etc.
- Die Produktanlieferung und Rücknahme von Verpackungen
- Die Einhaltung der vertraglich geregelten Garantie- und Serviceleistungen, termin- und qualitätsgerecht
- Eine sachkundige Einweisung, z.B. in eine installierte Gasheizung oder Bedienunterweisung, z.B. eines installierten PC
- Ein einfaches, kundenverständliches Anleitungsmaterial für Funktions- und Ablaufprozesse eines Produktes oder einer Anlage
- Serviceleistungen auch außerhalb der üblichen Arbeitszeiten sowie an Sonn- und Feiertagen, z.B. im Falle einer Havarie oder andere Ausfälle eines gekauften Produktes oder einer Anlage
- Hotline-Service
- Eine freundliche, begeisternde und sachkundige Anleitung und Weiterbetreuung durch das Unternehmen bzw. das Servicepersonal
- Eine Weiterbetreuung nach Ablauf der Garantieleistungen, möglichst bis Nutzungsende,
  (trifft insbesondere für technische Anlagen zu, zum Beispiel: Heizungsanlagen, aber auch für Autoservicedienstleistungen)

Fazit: Gute und bessere Produkt- und Servicequalität ist die entscheidende Überlebenschance des Unternehmens und ein guter Gewinnbringer für das Unternehmen.

Welche Eigenschaften bzw. Kriterien charakterisieren die Produktqualität?

- Funktionssicherheit
- Leistungsstärke
- Ausstattungsgrad
- Haltbarkeit
- Zuverlässigkeit
- Reparaturbarkeit
- Austauschbarkeit
- Umweltverträglichkeit
- Geruch
- Geschmack
- Farbe
- Design

8. Kosten senken, Gewinn steigern – Alternativen für Stabilität und Zahlungsfähigkeit

Die Gewinnmaximierung und Kostenminimierung ist in ihrer einheitlichen Umsetzung die Wiedergabe der tatsächlich erreichten Mehr-Wert-Schöpfung. Dabei hängt die Gewinnmaximierung mittel- oder unmittelbar von der Kostenminimierung ab.

Werden zum Beispiel für die Produktinnovation Investitionen getätigt, dann wird zwar die Ausgabenseite angenommen um 8% belastet, steigt dann aber mit der Produktinnovation der Gewinn um 10%, dann ist eine Mehr-Wert-Schöpfung von 2% erzielt worden.

Ein weiteres Beispiel: Verkauft ein Unternehmen Maschinen oder Anlagen, die wenig genutzt wurden und nur Kostenfresser sind, aber noch einen Restwert besitzen, dann maximiert es einerseits den Gewinn und minimiert andererseits die Kosten.

<u>Ausgewählte Möglichkeiten der Gewinnmaximierung und Kostenminimierung</u>

▶ Fokussieren Sie sich auf Ihre erfolgreichen Produkte bzw. Dienstleistungen, die den höchsten Gewinn bringen und einen hohen strategischen Wert besitzen. Erweitern Sie das Produkt- und Dienstleistungspotential und den innovativen Wert dieser Leistungseinheiten.

▶ Trennen Sie sich von den Produkten und Dienstleistungen die unrentabel sind und keine Zukunftschancen haben. Verzichten Sie auf diese, auch wenn noch einige Aufträge oder Kundennachfragen vorliegen, die sicherlich nur von kurzer Dauer sein werden.

Diese Art der Produkte nennt man auch „Cash-Räuber", die nicht zur Gewinnerwirtschaftung beitragen. Vielmehr sollten aus dem Produkt-Portfolio herausgenommen werden und Platz für effizientere Produkte schaffen oder an dessen Stelle die profitableren Produkte platzieren.

▶ Erweitern Sie Ihre Marktanteile durch bessere Produkt- und Servicequalität, durch bessere Preis- Leistungsangebote, durch bessere Kundenorientierung, durch Kundenbetreuung etc.
Entdecken Sie neue Markteinstiegschancen und Marktnischen, die Ihre Wettbewerbsposition stärken und zur Marktführerschaft beitragen.

▶ Bauen Sie Ihre Leistungs- und Kostenführerschaft weiter aus und zwar durch bessere Qualitäts- und Nutzensvorteile, durch strategische Fokussierung auf Markt- und Kundennachfragen und nicht zuletzt durch Kostenvorteile gegenüber den Konkurrenten.

Kostenführerschaft bzw. Kostenvorteile für den Kunden sind nicht nur Wettbewerbsvorteile sondern gleichzeitig Gewinnvorteile für das Unternehmen.

Dazu 2 Beispiele, die es verdeutlichen sollen:

1. Wird das gleiche Produkt mit geringeren Kosten hergestellt und mit einem niedrigeren Preis verkauft, dann kann das Unternehmen mit folgenden Vorteilen rechnen:

   Vorteile: Durch die Weitergaben der geringen Kosten an den Kunden, entsprechend dem niedrigeren Preis, sind Mehrverkäufe zu erwarten und damit ein Mehrgewinn für das Unternehmen.

2. Werden mit dem bleibenden Preis und Kosten die Produktleistungen und deren Qualität verbessert, dann ergeben sich ebenfalls Mehrverkäufe:

   Vorteile: Der Marktanteil wächst und der Unternehmergewinn steigt, indem das bessere Produkt oder die bessere Dienstleistung, zu gleichen Kosten hergestellt und der Verkaufspreis nicht erhöht wird.

▶ Erarbeiten Sie eine Managementkonzeption mit rationellen Zeitabläufen und sparenden Leitungskosten.

Erarbeiten Sie dazu abrechenbare Instrumentarien der Überwachung, Steuerung und Controlling für alle relevanten Ablaufprozesse, für die Informationsversorgung, für die Planung, Leitung und Organisation.
Beachten Sie dabei solche Schwerpunkteaufgaben, wie z.B.:
- Sicherung der Planerfüllung
- Liquiditätssicherung
- Vorbeugung interner und externer Risiken und Krisen
- Erweiterung der Markt- und Kompetenzführerschaft
- Sicherung der Kundenzufriedenheit, Kundenorientierung und Kundenbeziehung

▶ Reduzieren Sie die Lagerbestände, um Kosten zu sparen.

Ein großer Anteil der Unternehmen haben ca. 30% zu hohe Lagerbestände, die enorm die Lager- und Verwaltungskosten beeinflussen.
Deshalb runter mit den Lagerbeständen und Minimierung auf ein Mindestmaß und zwar unter Beachtung folgender Möglichkeiten:

- Erhöhung des Lagerumschlages
- Wertberichtigung der Bestände
- Einführung eines Lagerbestandmanagements
- Einführung einer bedarfsgerechten Beschaffung, möglichst ohne Zwischenlagerung
- Schaffung des Sortimentangebotes in Übereinstimmung mit der Absatzlage
- Kauf von Vorräten nach Abruf mit den Lieferanten
- Verkauf von Überplanbeständen an gleichgelagerte Unternehmen

<u>Zur Reduzierung der Lagerbestände ein Beispiel eines ausgewählten Unternehmens:</u>

Führen aktuelle Prognosen zu der Erkenntnis, dass es mittel- oder auch langfristig bei dem sinkenden Absatzvolumen bleiben wird, dann ist eine Produktionsdrosselung verbunden mit Kurzarbeit und Reduzierung des Umlaufvermögens unumgänglich.

Zu hohe Bestände an Vorräten lassen Kosten ansteigen, belasten die Einnahmenseite und mindern die Liquidität des Unternehmens. Im Interesse der Rentabilität und der Liquidität sollte bereits bei der Planung des Bedarfs an Umlaufmitteln diese nur so hoch sein, wie sie für den reibungslosen Geschäftsablauf benötigt werden.
Eine wirtschaftliche und effektive Vorrats- und Lagerhaltung ist nur dann möglich, wenn die Vorräte beim steigenden Umsatz nicht erhöht werden, bei gleichbleibendem Umsatz reduziert werden oder beim sinkenden Umsatz stärker abnehmen als der Umsatz.
Viele Klein- und Mittelunternehmen haben zum Teil noch volle Lagerbestände, obwohl bestimmte Waren oder Artikel am Auslaufen sind oder nicht mehr zur Disposition stehen. Dabei hofft man immer noch auf mögliche Aufträge, die mehr oder weniger mit einem Fragezeichen zu beantworten sind.

<u>Welche Maßnahmen sollte die Unternehmensleitung zum Abbau der Vorrats- und Lagerbestände festlegen?</u>

1. Schaffung eines Bestandsmanagement-Controllingsystems mit folgender Aufgabenstellung:

   - Bestandsziele festlegen, regelmäßig aktualisieren und kontrollieren
   - Steuerung und Kontrolle der Bestandsentwicklung
   - Kennzahlen zur Bestandsentwicklung, wenn notwendig, neu festlegen und auf die Einhaltung kontrollieren
   - Methoden zur Bestandsbewertung konsequent umsetzen, auswerten und Bewertungsergebnisse dem Liquiditätsmanagement vorlegen
   - Entscheidungskriterien für Verkauf, Aussonderung und Sonderabschreibungen erarbeiten und umsetzten
   - Festlegung der Verantwortlichkeiten einschließlich der Zuständigkeit im Bereich des Bestandsmanagements

- regelmäßige Berichterstattung des Bestandmanagements vor der Geschäftsleitung über die Einhaltung der festgelegten Maßnahmen und der sich daraus ergebenden Korrekturmaßnahmen für eine effiziente Bestandshaltung und Bestandsentwicklung

2. Einbindung von Zulieferern bzw. Lieferanten in die Logistikkette, z.B. Online-Verbund des Unternehmens. Dadurch kürzere Lieferfristen, bedarfsgerechte Sofortversorgung und Vermeidung von hohen Lagerbeständen.

3. Keine Reduktion der Lagerbestände auf Kosten der Lieferbereitschaft und des Serviceangebotes für die Kunden.
   Damit werden zwei Aspekte angesprochen:
   a. Termingemäße Erfüllung der Kundenwünsche und
   b. Serviceangebote, die die Kunden mehr schätzen als die gekauften Waren, z.B. der zusätzliche Service in Verbindung mit der gekauften Ware.

4. Lagerbestände sollten permanent mit Hilfe der Umschlagsgeschwindigkeit und der Lagerdauer überprüft werden, um die Umschlaggeschwindigkeit optimal zu halten.

$$\text{Lagerumschlagshäufigkeit} = \frac{\text{Einstiegspreis der verkauften Ware}}{\text{durchschnittlicher Lagerbestand}}$$

Die Lagergeschwindigkeit gibt an, wie oft der durchschnittliche Lagerbestand (als Mengen- oder Wertgröße) in einem bestimmten Zeitraum umgesetzt wurde (z.B. Monat, Quartal, Jahr).

$$\text{Lagerdauer} = \frac{\text{360 Tage im Jahr}}{\text{Lagerumsatz}} = \text{Tage}$$

Unter der Lagerdauer versteht man den Zeitraum vom Eingang des Lagergutes bis zu dessen Ausgang. Anzustreben wäre eine kurze Lagerdauer unter Berücksichtigung einer aktuellen Lieferbereitschaft. Damit könnten Raum- Lager- Verwaltungs- und Zinskosten eingespart werden, die dann zu einem geringeren Kapitalbedarf führen.

<u>Dazu ein Beispiel aus der Praxis:</u>

Durch einen Plan-Ist-Vergleich eines Unternehmens wurde sichtbar, dass es im Bereich des Umlaufvermögens viel zu hohe Lagerbestände gab, die weit über den

Bedarf lagen und zum Teil nicht aufgrund der Produktionsumstellung und des schrumpfenden Absatzes benötigt wurden.

Damit wurde unnötiges, kurzfristiges Kapital gebunden und die notwendige kurzfristige Liquidität eingeschränkt.
Dieser Tatbestand veranlasste die Unternehmensleitung zu folgenden Entscheidungen:

- Bestandsanalyse über die Vorräte an Roh-, Hilfs- und Betriebsstoffen sowie Bestände an Halb- und Fertigfabrikaten
- Vergleichsanalyse zu den ermittelten Beständen und den notwendigen Bedarf an Vorräten
- Ermittlung der Überplanbestände an Vorräten in Menge und Wert
- Ermittlung der notwendigen Lagerkosten (z.B. Mieten, Zinsen, Verwaltung etc.) für Überplanbestände an Vorräten
- Umschlaghäufigkeit für einzelne Produkte berechnen und Normative festlegen
- Straffung des Sortimentsangebotes in Übereinstimmung mit der aktuellen Absatzlage
- Kauf von Vorräten nach Abruf mit den Lieferanten vereinbaren

In der Auswertung der durchgeführten Analysen und Ermittlungen konnte eingeschätzt werden, dass die Überplanbestände dem Unternehmen eine unnötige kurzfristige Bindung an Umlaufmitteln – sprich Vorräten bezogen auf das Planjahr, von ca. 30.000,00 Euro verursacht haben. Mit der Einsparung dieser ca. 30.000,00 Euro hätte das Unternehmen die Möglichkeit gehabt, kurzfristige Forderungen aus eigenen liquiden Mitteln zu decken, ohne zusätzliches Fremdkapital in Anspruch zu nehmen.

<u>Welche Festlegungen wurden nun von der Unternehmensleitung getroffen, um künftig solche Fehler an Überstandsplanbeständen auszuschließen?</u>

1. Permanente Überwachung der Lagerbestände durch eine exakte Lagerbuchführung und führen von Dateien bzw. Lagerkonten durch die verantwortliche Lagerverwaltung.

2. Monatliche Informationen an die Geschäftsleitung über die Lagerbewegung

3. Monatlicher Plan-Ist-Vergleich unter Einbeziehung der ABC-Analyse über die Soll-Ist-Bewegung

4. Monatliche Ermittlung der Kennzahlen, Lagerumschlag und Lagerdauer

5. Lagerbestand nur in der Höhe halten, die für die Gewährung des Absatzes notwendig ist. Bei guter Konjunkturlage und zu erwartenden Großauftrag ist eine entsprechende Vorratsreserve zu bilden.

6. Verkauf von Überplanbeständen an gleichgelagerte Unternehmen

7. Sicherstellung der Zulieferer für eine kontinuierliche, termingemäße und qualitätsorientierte Lieferung unter Beachtung günstiger Konjunkturangebote.

8. Optimierung der Durchlaufzeiten durch weitere Erhöhung der Umschlagsgeschwindigkeit

9. Reduzierung der Lagerkosten durch Verkürzung der Lagerdauer

10. Monatliche Berichterstattung des Berichterstattungsmanagements über die Einhaltung der festgelegten Maßnahmen vor der Geschäftsleitung

▶ Reduzieren Sie das Anlagevermögen, das kein Cash mehr bringt.

Zu hohe Anlagevermögen sind Kostenfresser, erst recht, wenn diese uneffektiv sind und ungenutzt umherstehen. Diese verursachen Kosten und schmälern den Gewinn. Untersuchungen haben ergeben, dass bis zu 10% des Gesamtanlagevermögens nicht oder nur zum Teil genutzt werden.
Folgende Möglichkeiten könnten zur Kosteneinsparung und zur Gewinnvermehrung beitragen:

- Aussonderung und Verkauf solcher Maschinen und Anlagen, die gegenwärtig und vorausschauend nicht mehr benötigt werden und sich wirtschaftlich nicht amortisieren
- Verkauf solcher Anlagen oder Teilanlagen, die der neuen Technologie, Produktivität und Rentabilität nicht mehr entsprechen
- Tätigung von Investitionen für Maschinen und Anlagen nicht nach steuerrechtlichen sondern ausschließlich nach wirtschaftlichen Gesichtspunkten vornehmen
- Verstärkte Auslastung solcher Maschinen und Anlagen, die den höchsten Mehrgewinn bringen
- Verstärkter Einsatz von Investitionsgeldern für Rationalisierungsmaßnahmen, die auf lange Sicht profitabel bleiben
- Monatliche Analyse und Auswertung über die Auslastung einzelner Maschinen, Anlagen und Teilanlagen
- Profitable Abschreibungsmöglichkeiten nutzen

Fallbeispiel zur Reduzierung des Anlagevermögens:

Zu hohe Anlagevermögen sind Kostenfresser, erst recht, wenn diese uneffektiv sind und ungenutzt umherstehen. Sie belasten die Kostenseite und reduzieren die Zahlungsfähigkeit des Unternehmens. Untersuchungen haben ergeben, dass bis zu 10% des Gesamtanlagevermögens nicht oder zum Teil genutzt werden. Dadurch wird der Gewinn geschmälert und der Zufluss an liquiden Mitteln beeinträchtigt. Deshalb ergibt sich die Konsequenz für das Liquiditätsmanagement, sich von diesen Kostenfressern zu trennen und diese möglichst über den Buchwert zu veräußern. Damit könnte ein Beitrag zur weiteren Verbesserung der finanziellen Lage geleistet werden, indem die Cash-Situation verbessert, das Anlagevermögen verkleinert und die Kreditwürdigkeit ansteigt.

Dazu ein Beispiel aus der Praxis:

Eine Analyse in einem Unternehmen zur Auslastung vorhandener Anlagen ergab, dass ein Teil der Anlagen, sprich Grundmittel, ungenutzt umherstanden oder nur im geringen Maße ausgelastet wurden. Das hatte zwei Gründe:

1. mit der teilweisen Umstellung bestimmter Herstellungstechnologien und Modernisierungen neuer Verfahrenstechniken
2. mit dem Rückgang des Umsatzes, insbesondere in der Nebenproduktion

In Auswertung der Analyse konnte festgestellt werden, dass Grundmittel kurz- bis mittelfristig nicht mehr gebraucht werden. Die nicht mehr benötigten Grundmittel wurden verkauft.
Der Verkaufserlös, der über dem Buchwert lag, betrug 70.000,00 Euro. Damit konnte ein wesentlicher Beitrag zur Stärkung der Eigenfinanzierung geleistet werden.

Welche Schlussfolgerungen wurden aus diesem Fall von der Unternehmensleitung gezogen?

- in Zukunft werden Investitionsentscheidungen nicht nach steuerrechtlichen sondern ausschließlich nach wirtschaftlichen Gesichtspunkten getroffen, nämlich der erhöhten Wertschöpfung
- monatliche Ist-Analyse über die Auslastung der einzelnen Anlagen bzw. Anlagenteile
- kurzfristige Aussonderung und Verkauf solcher Maschinen und Anlagen, die gegenwärtig oder vorausschauend nicht mehr benötigt werden bzw. nicht den erwartenden Gewinn bringen
- kurzfristiger Verkauf solcher Anlagen oder Teilanlagen, die den neuen Anforderungen im Hinblick auf Produktivität und Effektivität nicht mehr entsprechen

- verstärkte Auslastung solcher Anlagen, die den höchsten Wertschöpfungsgewinn bringen
- verstärkter Einsatz von Investitionsgeldern für Rationalisierungsmaßnahmen, die auf lange Sicht effizient bleiben

▶ Rationalisieren Sie für mehr Gewinn und weniger Kosten.

Ziel jeder Rationalisierung muss es sein, mit dem investierten Kapital einen Mehrgewinn bei sinkenden Kosten zu erreichen.
Untersuchungen in mehreren mittelständigen Unternehmen haben ergeben, dass durch Rationalisierungsmaßnahmen auf dem Gebiet der Leitung und Organisation durch die Straffung dieser Prozesse und Einsatz moderner Kommunikationstechniken Kosten in Höhe von 10% eingespart worden sind. Weitere Untersuchungen zur Rationalisierung der Lagerhaltung und Lagerbestandsentwicklung haben ebenfalls ergeben, dass durch eine effizientere Materialplanung, Materialsteuerung, Materialüberwachung und durch den Einsatz von EDV bei den Ein- und Auslagerungsprozessen sogar 15% Lager- und Verwaltungskosten eingespart wurden.

Maßgeblich beteiligt waren folgende detaillierte Rationalisierungsmaßnahmen:

- effizientes Lagerbestandsmanagement
- permanente Bestandsüberwachung und Bestandscontrolling
- Erhöhung des Lagerumschlages
- Wertberichtigung der Bestände
- Einführung einer bedarfsorientierten Beschaffung, möglichst ohne Zwischenlagerung
- Einführung einer wert- und belegmäßigen Bestandsführung, möglichst unmittelbar nach wert-, mengen und zeitmäßigen Bestandsveränderungen durch ein Lagereingangs- und Lagerausgangsjournal.

▶ Reduzieren Sie die Forderungsausfälle, für eine planmäßige Gewinnerwirtschaftung.

Forderungen sind unternehmerische Ansprüche auf Geld-, Sach- bzw. Dienstleistungen, die in Form von Lieferungen und Leistungen in Anspruch genommen wurden. Grundlage hierfür bilden die Kauf-, Werk-, oder Dienstleistungsverträge, bei denen das Unternehmen seine Verpflichtungen bereits erfüllt hat, die Leistung der Gegenseite noch nicht realisiert ist.
Grundsätzlich muss zum Forderungsausfall gesagt werden, es ist nicht, wie viele Unternehmen irrtümlich annehmen, ein Umsatz-Verlust sondern in erster Linie ein Gewinn-Verlust bzw. eine Liquiditätsminderung.

Sind die Forderungsausfälle nicht eine vorübergehende Angelegenheit, sondern stellen sich diese als eine angehäufte Problemsituation dar, dann sollte die Unternehmensleitung sofort handeln und entsprechende Maßnahmen einleiten. Um die Forderungsausfälle schnell zu reduzieren oder vorbeugend zu verhindern, bieten sich folgende realistische Möglichkeiten an:

- Ausfallversicherung abschließen, indem die Versicherung das Risiko von Ausfällen übernimmt.
  Die Prämie, die das Unternehmen an die Versicherung zahlen muss, liegt in der Regel zwischen 0,2 bis 0,7 % des Umsatzes. Hinzu kommt noch eine Selbstbeteiligung, die sich um die Umsatzsteuer reduziert.
- Verkauf von offenen Forderungen, mit der Factoringgesellschaft vereinbaren.
- Einholen von Forderungen über Bürgschaften, Avis, Vorkasse etc.
- Verringerung des Forderungsvolumens durch Erweiterung der Vorrauszahlungen
- Umgehende Bearbeitung und Klärung von Beanstandungen
- bei Warenlieferung oder Dienstleistung die Rechnung beilegen oder unmittelbar folgen lassen
- Lieferkonditionen, wie z.B.: Fristen, Skonti, Rabattgewährung, Anzahlungen, Zahlungszinsen neu überdenken
- Kunden zur Abbuchungsermächtigung überzeugen
- straffes Mahnverfahren einführen, wie z.B.: Erinnerungsschreiben, Mahnschreiben, Ankündigungen des Einzugs entsprechend der Schuldrechtsreform sowie Vollstreckung durch die Anwaltschaft
- <u>Vorsicht!</u> Vorher Kostenkalkulation für Gerichts- und Rechtsanwaltsgebühren sowie Auslagen für den Rechtsanwalt einholen!
- Kreditlimit für den jeweiligen Kunden festlegen und bei Überschreitungen des Kreditlimits grundsätzlich die Auftragsabwicklungen über Vorkasse, per Nachname oder über Abbuchungsermächtigung für Bankeinzug vornehmen
- bei Neukunden Auskünfte einholen, bevor eine Auftragsabwicklung vollzogen wird
- kürzeste Zahlungsziele mit Kunden vereinbaren, z.B.: Barzahlungen oder mit EC-Karte

Für das Kontroll- und Überwachungsmanagement ist es notwendig, Auskünfte über den einzelnen Kunden oder Kundengruppen zu erhalten, die als Problemkunden in Fragen der Forderung zu klassifizieren sind.

Dazu sollten folgende Übersichten geführt und ständig aktualisiert werden:

- Tägliche Überwachung der Zahlungs- Ein- und Ausgänge über die Buchhaltung

- Erfassung der Kunden über Forderungsorientierte Klassifizierung nach durchgeführter ABC-Analyse
- Informationsmaterial über Zahlungskonditionen
- Informationsmaterial über Kundenbonität
- Informationsmaterial über Verweildauer von Forderungen
- Informationsmaterial über das Mahnwesen
- Informationsmaterial über Berichte und Aussprachen mit Kunden

► Ein effizientes Beschaffungsmanagement spart Kosten und erhöht die Gewinnchancen.

Das Beschaffungsmanagement ist kein einmaliger Prozess, sondern eine strategische Angelegenheit, die sich immer wieder den neuen Herausforderungen stellen muss. Anderes als im Handel, bei dem die Beschaffung den eigentlichen Gewinn ausmacht, ist die Beschaffung in Industrie- und Handwerksunternehmen ein verzweigter und kooperativer Produktions- und Dienstleistungsprozess, der sich wechselseitig vollzieht und im Ergebnis den Um- und Absatz eines Unternehmens beeinflusst.

Beschaffung und Absatz sind untrennbar miteinander verbunden, angefangen von:

der Beschaffungs- und Lagerplanung in Abhängigkeit von der Kapazitätsplanung
▼
Beschaffung / Logistik
▼
Produktherstellung
▼
Vertrieb / Distribution
▼
Absatz

Wichtig für das Beschaffungsmanagement ist der Aufbau und Erhalt partnerschaftlicher Beziehungen mit den Lieferanten. Dabei spielen Vertrauen, Zuverlässigkeit, Pünktlichkeit, Entgegenkommen, Lieferqualität, Preiskulanz etc. eine große Rolle.

Welche Alternativen stehen für den Beschaffungsmarkt zur Verfügung und wo liegen die Vorteile begründet, die sich für das Unternehmen kostengünstig auswirken können?

	Vorteile	Nachteile
1.Alternative ↓ Direktbeschaffung vom Hersteller	• längere Lieferzeiten • niedrigere Beschaffungskosten • gleichbleibende Qualitätseigenschaften • großer Mengenbezug	• Abnahme einer Mindestmenge • Preiszuschlag bei Unterschreitung der Mindestmengenabnahme
2.Alternative ↓ Beschaffung über Groß- oder Einzelhandel	• kurzfristige Lieferzeiten • Lieferung von kleinen Mengen • breites Sortimentsangebot • besserer Angebotsvergleich	• hoher Verkaufspreis • Bezug über Handelsbetrieb als Vertragspartner
3.Alternative ↓ Beschaffung über Lieferanten als Kooperationspartner	• bessere Konditionen • mehr Flexibilität in der Marktführerschaft • bessere Informationen über den Beschaffungsmarkt	• mehr Abstimmungsaufwand über Lieferzeiten, Liefermenge etc.

Neben den Bezugsalternativen könnten weitere Maßnahmen zur Optimierung des Beschaffungsprozesses beitragen:

- Einführung eines effizienten Steuerungs- und Überwachungssystems für das Beschaffungsmanagement
- Einführung eines Workflow-Software zur vorgangsgestützten Beschaffungsbearbeitung

- Abdeckung der Beschaffungslogistik durch den vorhandenen oder zu erweiternden Fuhrpark
- Erfassung und Auswertung der Logistikkosten durch die Betriebsbuchhaltung
- Reduzierung der Bestell- und Einkäufergruppen durch ein zentralgesteuertes Beschaffungssystem
- Nutzung von Größendegressionseffekten bei der Beschaffung
- Sicherung des Informationsflusses des Beschaffungsmanagements, dessen

Klassifizierung
▼
Dokumentierung
▼
Aufbereitung
▼
Aktualisierung
▼
Bereitstellung

durch den Einsatz einer effizienten Hard- und Softwarekombination

9. Überwachung und Controlling als die elementarsten Steuerungsinstrumente des Leitungsmanagements

9.1 Der Konnex von Überwachung und Controlling

Überwachung und Controlling sind die wichtigsten Steuerungsinstrumente des Leitungsmanagements. Sie haben die Aufgabe, die Leitungs- und Organisationsprozesse so zu steuern, dass diese optimal verlaufen und dem Unternehmen bestmögliche Ergebnisse bringen.
Die Steuerung mit Hilfe der Überwachung und das Controllings ist nicht nur ein zeit- oder sachbezogener Vorgang, sondern ein komplexer Prozess, der alle betrieblichen Abläufe, sowohl operativ als auch strategisch, umfasst und von der Unternehmensleitung als wichtigste Leitungsaufgabe umgesetzt werden sollte.
Es gilt in erster Linie Störgrößen zu erkennen und Steuerungsmaßnahmen rechtzeitig einzuleiten.

Störgrößen könnten z.B. in folgenden Bereichen des Unternehmens auftreten:

- Im Materialbereich:
  - durch Fehler in der zeitlichen Abstimmung zwischen Materialbeschaffung und Fertigung,
  - durch unsachgemäße Lagerung entstandener Materialschaden
  - durch Lieferverzug eingetretener Umsatzverlust

- Im Produktionsbereich:
  - durch Nichteinhaltung der geplanten Durchlaufzeiten (Ausfälle durch Krankheit) von Maschinen und Anlagen
  - durch den Einsatz qualitativ schlechten oder nicht passfähigen Materials, entstandene Qualitätsminderung
  - durch Havarieausfall entstandenen Kapazitätsausfall

- Im Marketingbereich:
  - durch fehlerhafte Diagnostizierung der operativen Absatzstrategie
  - durch Kostendruck in der Umsetzung von Qualität, Preis und Leistung
  - Umsatzverlust durch Kundenunzufriedenheit

- Im Finanz- und Investitionsbereich:
  - durch Unplanmäßigkeit in der Verteilung und der Ausschöpfung finanzieller Mittel
  - durch Informationsdefizite in der Bilanz- und Erfolgsrechnung
  - durch Entscheidungsprobleme im Bereich der Investitionstätigkeit
  - durch Fehler in der Plan-Ist-Darstellung

- Im Leitungs- und Organisationsbereich:
  - durch Vernachlässigung der Kontrollfunktionen
  - durch Abstimmungs- und Überschneidungsproblemen
  - durch Kompetenzdefizite in einigen Funktionsbereichen

- Im Personalbereich:
  - durch Nichtbeachtung des kompetenzgerechten Einsatzes von Mitarbeitern
  - durch schlechte Einstellung einiger Mitarbeiter zum Unternehmen und zur Arbeit
  - durch das Ausbleiben von materieller und moralischer Stimulierung der Mitarbeiter durch die Leitung des Unternehmens
  - durch zum Teil schlechte Qualifikationsvorrausetzung einiger Mitarbeiter

Um die bereits genannten oder auch andere Störgrößen rechtzeitig zu erkennen und wirkungsvoll gegen zu steuern, haben sich in der Praxis folgende Führungsinstrumente bewährt:

1. Steuerung aller betrieblichen Prozesse mit dem Ziel, kritische Störfelder durch vorbeugende Maßnahmen besonders im Mittelpunkt der Überwachung und Kontrolle zu stellen.

2. Steuerung aller betrieblichen Ablaufprozesse mit der Hilfe eines straffen Überwachungs-, Kontroll- und Informationssystems für alle Bereiche des Unternehmens nach dem Sender - Empfänger- Feed-back – Prinzip.

3. Steuerung der betrieblichen Ablaufprozesse durch permanente Überwachung und Kontrolle der Soll-Ist-Werte in der Planerfüllung, so z.B.:
   - Um- und Absatzerfüllung
   - Finanzplanerfüllung

- Liquiditätsentwicklung
- Kostenentwicklung
- Stand der Investitionsvorhaben
- Überprüfung von möglichen Informationslücken zwischen der Unternehmensleitung und den Bereichen
- Sofortiges Einschreiten bei sich anbahnenden oder bereits ausgelösten Planstörungen, durch Einleitung von Sofortmaßnahmen zur Beseitigung der Problemfelder

4. Steuerung der Ablaufprozesse in allen Bereichen des Unternehmens in Eigenverantwortung des Bereichsmanagements zur Erfüllung der Ziele, Aufgaben und der Führungs- und Kontrollfunktion.

5. Detaillierte Steuerung und Überwachung der Personalentwicklung wie z.B.:
   - Arbeitsplatzanforderungen
   - Qualifikation
   - Arbeitsleistung
   - Arbeitsklima
   - Arbeitsdisziplin
   - etc.

9.2 Überwachung

Die Überwachung steht im engen Konnex mit der Steuerung und dem Controlling des Unternehmens. Sie ist eines der wichtigsten Aufgabe und Verantwortung der Unternehmensführung. Sie verbindet die gesamten betrieblichen Prozesse der Planung, Kontrolle, Steuerung und der Informationsversorgung.
Im Rahmen der Überwachung wird geprüft, ob die Ergebnisse des betrieblichen Handelns mit den gestellten Zielen übereinstimmen oder ob es Abweichungen zu den Plan-Ist-Werten gibt, die korrigiert werden müssen.
Daraus ergibt sich die Notwendigkeit des Übergangs von der Überwachungs- zur Controllingfunktion.

Die Überwachung erfüllt zwei grundlegende Funktionen:

1. Die Feststellungsfunktion, die sich in den Ist-Werten widerspiegeln und

2. Die Vergleichsfunktion, mit der der Soll-Ist-Wert ermittelt wird.

Beide Funktionen können sich z.B. auf folgende Planbereiche und deren Daten beziehen:

Bereich Materialplanung:	auf Materialkosten, Lagerdauer, Lagerbestände, Lagerumschlag etc.
Bereich Fertigung:	auf Fertigungskosten, Ausschussquote, Maschinenausfälle, Ausfälle an Arbeitskräften etc.
Bereich Umsatz:	auf Umsatzgrößen, Umsatzkosten, Reklamationsquote, Preisentwicklung etc.
Bereich Finanzen:	auf variable Kosten, fixe Kosten, Deckungsbeiträge, etc.
Bereich Finanzkennziffern:	auf Cash Flow, Liquidität, Mitarbeiterproduktivität, Umsatzrentabilität, Investitionsrentabilität etc.
Bereich Umfelddaten:	auf Preisschwankungen, Konkurrenzeinflüsse, Gesetzesänderungen etc.

9.3 Controlling

Das Controlling bezieht sich in erster Linie auf personen-, sach- und zeitbezogene Informationsgewinnung, die für die Entscheidungsfindung der Unternehmensführung eminent wichtig sind.
Es verbindet den Prozess der Planung, Kontrolle und Steuerung mit der Informationsversorgung.

9.3.1 Aufgaben

Zu den wichtigsten Aufgaben des Controllings zählen:

1. Die Planung, auf deren Grundlage die Ziele als Soll-Werte fixiert werden und daraus ableitend auf die einzelnen verantwortlichen Bereiche als verbindliche Aufgaben-Vergabe (Budget) von der Unternehmensleitung vorgegeben werden. Dieser Vergabecharakter kann:
   - strategisch (über 4 Jahre)
   - taktisch (für 1 bis 4 Jahre) oder
   - operativ (Monats- Quartals- oder Jahresbudget)

   ausgerichtet sein, und betrifft z.B.: den Umsatz, die Produktion, die Investition, das Personal, das Material, die Kosten, das Ergebnis und die Finanzen als Bilanzergebnis.

2. Die Kontrolle beginnt mit der Phase der Überwachung.
   Mit ihrer Hilfe werden die entstandenen Ist-Werte mit den Soll-Werten verglichen, Abweichungen analysiert und die Ursachen der positiven und negativen Entwicklung beurteilt und ausgewertet.
   Dieser Soll-Ist-Vergleich sollte in der Praxis nicht nur einmal im Jahr, sondern möglichst monatlich, wöchentlich und sogar täglich erfolgen, um rechtzeitig auf Abweichungstendenzen zu reagieren

3. Die Informationen, als Mitteilung von Daten, z.B. von Mitarbeitern an Vorgesetzte und von Vorgesetzten an Mitarbeiter, dienen dazu, konkrete Entscheidungen zu treffen, wenn es z.B. bei den Material-, Fertigungs-, Marketing-, Personal-, Finanzierungs- und Rechnungswesendaten Abweichungen zu den geplanten und auf die einzelnen Bereiche aufgeschlüsselten Soll-Werte gibt.
   Diese Abweichungen sollten möglichst schnell in Form von Kontrollberichten an die entsprechende Leitungsebene weitergeleitet werden, um von dort die entsprechenden Lösungsmaßnahmen einzuleiten.
   Diese Kontrollberichte sollten folgende Anforderungen erfüllen:
   - sie sollten sachlich und objektiv abgefasst sein
   - sie sollten eindeutig definiert sein und unmissverständliche Begriffe und Daten enthalten
   - sie sollten vollständig, aussagekräftig, zutreffend und aktuell sein
   - sie sollten rechtzeitig zum bestimmten Termin vorgelegt werden
   - sie sollten einfach, klar, knapp und präzise abgefasst sein
   - sie sollten empfangsgerecht aufbereitet sein

9.3.2 Arten des Controllings und ihre Einordnung in die Führungsebenen

1. Strategisches Controlling

Strategisches Controlling umfasst die mittel- und langfristige Planung, Steuerung und Kontrolle, sowie die Budgetierung zur langfristigen Existenzsicherung und das Berichtwesen als Informations- und Entscheidungsträger.
Das strategische Controlling obliegt der ersten Leitungsebene und wird von ihr als Leitungs-, Entscheidungs- und Weisungsträger wahrgenommen.

Schwerpunkte des strategischen Controllings könnten z.B. sein:

- die Zielfixierung der Produktions- oder Dienstleistungsentwicklung
- der Ausbau und die Festigung der Markt- und Produktführerschaft
- die Marketingstrategie
- die Gewinn- und Kostenentwicklung sowie
- die Innovations- und Investitionsgestaltung

2. Operatives Controlling der Liquidität
Aus dem strategischen Controlling leitet sich das operative Controlling ab, das durch Situationsanalysen den aktuellen Stand der Entwicklung charakterisiert und kurzfristige operative Maßnahmen zur Behebung der Krise oder Abweichung festlegt. Wichtig dabei ist es, nicht sporadisch oder rein zufällig auf Unternehmensveränderungen zu reagieren, sondern möglichst täglich die Geschäftabläufe durch die Geschäftsleitung und der jeweils Verantwortlichen zu kontrollieren.

Im Mittelpunkt der Geschäftsabläufe sollten folgende Controllingaufgaben stehen:

- Stand der Auftragseingänge und deren Erfüllungsstand
- Überwachung der Zahlungsmoral der Kunden
- Übersicht über den Stand der Kostenentwicklung und Erfüllung des Umsatzplanes
- Stand der Zahlungseingänge und -ausgänge
- Informationseinholung über die Auftragsentwicklung
- Liquiditätsprobleme aufdecken und durch Festlegung von Maßnahmen gegensteuern
- Soll-Ist-Vergleiche zur Liquiditätsplanerfüllung durchführen
- Informationen zur Kundenzufriedenheit einholen und auswerten
- Stand der Liquidität und Kapitalsbasis überprüfen
- Zahlungsfähigkeit permanent überprüfen

9.3.3 Controllingorganisation

Die Controllingorganisation muss in den Gesamtorganisationsprozess des Unternehmens eingebunden werden. Sie hängt von der Struktur und der Größe des Unternehmens ab.
So wird bei kleinen Unternehmen in der Regel die Aufgabe des Controllings der Inhaber bzw. der Geschäftsführer selbst übernehmen.
Bei mittleren bis größeren Unternehmen ist der Träger des Unternehmenscontrolling der Controller, der entweder als Stabsmitarbeiter (ohne Weisungsbefugnisse) oder als Linienmitarbeiter (mit Weisungsbefugnissen) fungiert.
In diesem Fall kann es eine Stabsstelle oder eine Abteilung sein, die eng mit der Geschäftsführung zusammenarbeitet und ihr gegenüber rechenschaftspflichtig ist.

Der Vorteil des Unternehmenscontrollers liegt darin begründet, dass der oder die Verantwortlichen Daten aufbereiten und entsprechende Empfehlungen an die Geschäftsführung weiterleiten, die dann schneller und besser in der Lage versetzt wird, Empfehlungen zu prüfen und Entscheidungen für das Gesamtunternehmen oder für einzelne Bereiche zu treffen und umzusetzen.

Mit der Umsetzung der Entscheidungen kann dann der Controller beauftragt werden der Geschäftführung über die Realisierung zu berichten.

Die Ausübung der Controller-Funktion stellt an den Unternehmenscontroller höchste Anforderungen, die auch als Allroundpersönlichkeit charakterisiert werden kann. Dazu gehören:

- die Eignung für diese Funktion
- gute Branchen- und Firmenkenntnisse
- hohes Verantwortungsbewusstsein
- Durchsetzungsvermögen, z.B. bei Steuerungsmaßnahmen
- Bereitschaft und Erfahrung zur Teamarbeit, z.B. im Rahmen der Budgetierung
- ausgeprägtes Verhandlungsgeschick
- gutes Kommunikationsvermögen und Ausdrucksfähigkeit, z.B.: beim Erstellen von Berichten
- Kontaktbereitschaft und Integrationsvermögen
- analytisch- planerisches Denken z.B. bei der Planung und Kontrolle
- Wachsamkeit, z.B. bei der rechtzeitigen Erkennung von Frühwarnindikatoren
- Fachkenntnisse über Statistik, Rechnungswesen, ausgeprägte Computer- und Informatikkenntnisse, Erfahrungen und Kenntnisse auf den Gebieten Planung, Organisation, Marketing, Operations-Research, Steuerlehre
- Fremdsprachenkenntnisse, insbesondere in Englisch, z.B. für das Lesen fremdsprachiger Texte, aber auch um den Anforderungen des Euro- bzw. Weltmarktes entsprechen zu können.

9.3.4 Controllinginstrumente

Eines der wichtigsten Controllinginstrumente ist neben der Budgetierung und der Kontrollberichte, der Soll-Ist-Vergleich.

Ist die Jahresplanung abgeschlossen und die Umsetzung der Vorhaben angelaufen, dann tritt die Analyse in Kraft. Bereits in der ersten Woche, spätestens im ersten Monat sollte die Plan-Ist-Analyse durchgeführt werden.
Mit der Durchführung des Plan-Ist-Vergleiches erfahren Sie, wie die Geschäftstätigkeit bisher gelaufen ist, wo und in welchen Bereichen es Abweichungen zu den Soll-Werten gibt und was Sie veranlassen müssen, um vorhandene Defizite wieder auszugleichen und zwar ohne Verzögerung.
Die Zielstellung des Plan-Ist-Vergleichs besteht darin, die Einhaltung des Planes zu überwachen, Schritte bei Abweichungen einzuleiten und diese auf die zeitliche und inhaltliche Einhaltung zu kontrollieren.
Gibt es Abweichungen vom Plan, dann sollten folgende Fragen geklärt, Ursachen aufgedeckt und beseitigt werden:

<u>Als erstes sollten zwei Fragen geklärt werden:</u>

1. Handelt es sich lediglich um eine Zeit- oder Phasenverschiebung, die in den nächsten Wochen oder Monaten wieder reguliert werden kann, oder
2. um echte Abweichungen, die korrigiert und beseitigt werden müssen, um nicht die weitere Liquiditätssicherung zu gefährden?

Ursachen für die Planabweichungen könnten z.B. sein:

- Überschreitung der Investitionsausgaben
- Einnahmenverlust durch Kundenabwanderungen
- Umsatzeinbußen durch nichtkalkulierbare Witterungseinflüsse
- Kostenanstieg durch Überplanbestände an Umlaufmitteln
- Einnahmenverlust durch Ausfall von Arbeitskräften oder von Maschinen und Anlagen
- Einnahmenverlust durch fehlerhafte Kalkulation von Einnahmen und Kosten
- Einnahmenverlust durch erschwerte Absatzbedingungen

Wir unterscheiden im Plan-Ist-Vergleich folgende zeitliche Perioden und inhaltliche Orientierungsschwerpunkte:

- den täglichen Plan-Ist-Vergleich
- den wöchentlichen Plan-Ist-Vergleich
- den monatlichen Plan-Ist-Vergleich
- den jährlichen Plan-Ist-Vergleich
- den mehrjährigen Plan-Ist-Vergleich

Modellbeispiel für einen zeitlichen Plan – Ist - Vergleich

Position / Gruppen				
		Abweichungen		Welche Maßnahmen werden bei Abweichungen festgelegt
zeitlicher Plan-Ist-Vergleich	inhaltliche Kontrollschwerpunkte	Ja	Nein	
1. täglicher Plan-Ist-Vergleich	- Erfüllung der Kundenaufträge - Forderungsausfälle z.B. Kunden - Zahlungen an Lieferanten - Zahlungseingänge - Zahlungsausgänge - etc.			
2. wöchentlicher Plan-Ist-Vergleich	- wie oben (täglicher Vergleich) - Stand der Umsatzentwicklung - Stand der Kostenentwicklung - Stand der Lager-bestandsentwicklung - Überprüfung hinsichtlich Termineinhaltung der Lieferbetriebe			
3. monatlicher Plan-Ist-Vergleich	- wie oben (wöchentlicher Vergleich) - Überprüfung der Kostenstrukturen anhand der BWA-Zahlen - Überprüfung der Darlehenszahlungen und Darlehenstilgungen und der Zinszahlungen - Überprüfung der Investitionsvorhaben /Realisierungsphase			

Position / Gruppen				
		Abweichungen		Welche Maßnahmen werden bei Abweichungen festgelegt
zeitlicher Plan-Ist-Vergleich	Inhaltliche Kontrollschwerpunkte	Ja	Nein	
4. jährlicher Plan-Ist-Vergleich nach Ertrag, Ausgaben, liquide Mittel, Verbindlichkeiten und Kreditinanspruch-nahme				

Nachfolgend ein Plan-Ist-Vergleich in Monaten und Quartalen:

Position / Gruppen	1. Quartal Jan. / Febr. / März			2. Quartal Apr. / Mai / Juni			3. Quartal Juli / Aug. / Sept.			4. Quartal Okt. / Nov. / Dez.		
	Soll in €	Ist in €	Maßnahmen bei Abweichungen in €	Soll in €	Ist in €	Maßnahmen bei Abweichungen in €	Soll in €	Ist in €	Maßnahmen bei Abweichungen in €	Soll in €	Ist in €	Maßnahmen bei Abweichungen in €
Kasse Bank Post sonstige verfügbare Mittel = Gesamtbestand an flüssigen Mitteln												
<u>Zahlungseingänge aus Unternehmertätigkeit und Finanzierung</u> Bareinnahmen Kundenzahlungen und Debitorenzahlungen sonstige Zahlungseingänge Verkauf von Anlagen, Maschinen, Fahrzeugen etc. Aufnahmen von Darlehen und Hypotheken = Gesamt: Zahlungseingänge												

Position / Gruppen	1. Quartal Jan. / Febr. / März			2. Quartal Apr. / Mai / Juni			3. Quartal Juli / Aug. / Sept.			4. Quartal Okt. / Nov. / Dez.		
	Soll in €	Ist in €	Maßnahmen bei Abweichungen in €	Soll in €	Ist in €	Maßnahmen bei Abweichungen in €	Soll in €	Ist in €	Maßnahmen bei Abweichungen in €	Soll in €	Ist in €	Maßnahmen bei Abweichungen in €
<u>Ausgaben des Unternehmens</u>												
Löhne und Gehälter												
Versicherungen, z.B. Sach- und Personal-versicherungen etc.												
Aus- und Weiterbildung												
Mieten												
Reparatur- u. Unterhaltungskosten												
Leasing												
Energie und Wasser												
Gebühren und Abgaben												
Büro- und Verwaltungsaufwand												
Marketing und Vertrieb												
Beratungs- u. Rechtsaufwand												
Fremdkapitalszinsen												
Rückzahlungen von Darlehen und Hypotheken												
Ausgaben für Büroeinrichtungen												

Ausgaben für Fahrzeuge Ausgaben für Material, Werkzeuge und Maschinen sonstige Ausgaben = Gesamtausgaben												

Position / Gruppen	1. Quartal Jan. / Febr. / März			2. Quartal Apr. / Mai / Juni			3. Quartal Juli / Aug. / Sept.			4. Quartal Okt. / Nov. / Dez.		
	Soll in €	Ist in €	Maßnahmen bei Abweichungen in €	Soll in €	Ist in €	Maßnahmen bei Abweichungen in €	Soll in €	Ist in €	Maßnahmen bei Abweichungen in €	Soll in €	Ist in €	Maßnahmen bei Abweichungen in €
<u>Liquiditätsermittlung</u> Gesamtbestand an flüssigen Mitteln Gesamt an Zahlungseingängen – Gesamt an Zahlungsausgängen = Liquiditätsüberschuss / Liquiditätsbedarf												

Planabweichungen, die gravierende Folgen für die Liquiditätssicherung haben, sind insbesondere ins Visier des Maßnahmenplanes aufzunehmen.
Wenn bei der Plan-Ist-Analyse, z.B. im Quartalsvergleich festgestellt wird, dass die geplanten Kosten um ca. 20% überzogen worden sind, dann ist ein sofortiger Handlungsbedarf erforderlich.

Welche Maßnahmen könnten u.a. die entstandenen Mehrausgaben wieder auf das geplante Niveau bringen und eine weitere Kostenexplosion vorbeugen?

- Vorräte an Roh-, Hilfs- und Betriebsstoffen kurzfristig auf das geplante Niveau reduzieren
- Arbeits- und Organisationsabläufe rationalisieren, um Zeit und Kosten einzusparen
- Mehrkosten mit der Einnahmenseite ausgleichen
- tägliche Überwachung der Ausgabenseite durch die Unternehmensleitung
- Verwaltungsaufwand rationalisieren und auf ein Mindestmaß herunterfahren
- Einsparungen des Energieverbrauchs und anderer Kostenpositionen

Wenn es zum Beispiel gravierende Abweichungen auf der geplanten Einnahmenseite im Quartalsvergleich von ca. 20% gibt, dann sind auch hier, mit sofortiger Wirkung, Maßnahmen festzulegen, die eine rasche Aufholung der geplanten Einnahmen garantieren und einen weiteren Einnahmenschub bringen, um nicht in die Liquidation zu kommen.
Dabei ist zu prüfen, wo die Gründe der Einnahmenverluste liegen.
Liegen diese im Bereich der Kundenabwanderung, verbunden mit der Verschlechterung der Produkt- und Leistungsqualität, der Servicequalität oder Kundenorientierung, konzentriert sich der Handlungsbedarf in erster Linie auf diese Problemlösung.

Zahlenbeispiel für den Soll-Ist-Vergleich eines Monats (in Euro)

	Soll	Ist - Januar	ABW + / -
Anfangsbestand an flüssigen Mitteln, übertragen aus dem Vormonat, z.B. Dezember		25.000	25.000
+ Kasse + Bank + Post + sonstige verfügbare Mittel = Gesamtbestand an flüssigen Mitteln	180.000	170.000	- 10.000
Zahlungseingänge aus Unternehmertätigkeit und Finanzierung			
+ Bareinnahmen + Kundenzahlungen und Debitorenzahlungen + sonstige Zahlungseingänge + Verkauf von Anlagen, Maschinen, Fahrzeugen etc. + Aufnahmen von Darlehen und Hypotheken = Gesamt: Zahlungseingänge	340.000	380.000	40.000

	Soll	Ist - Januar	ABW + / -
Ausgaben des Unternehmens			
+ Löhne und Gehälter			
+ Versicherungen, z.B. Sach- und Personalversicherungen, etc.			
+ Aus- und Weiterbildung			
+ Mieten			
+ Reparatur- u. Unterhaltungskosten			
+ Leasing			
+ Energie und Wasser			
+ Gebühren und Abgaben			
+ Büro- und Verwaltungsaufwand			
+ Marketing und Vertrieb			
+ Beratungs- u. Rechtsaufwand			
+ Fremdkapitalszinsen			
+ Rückzahlungen von Darlehen und Hypotheken			
+ Ausgaben für Büroeinrichtungen			
+ Ausgaben für Fahrzeuge			
+ Ausgaben für Material, Werkzeuge und Maschinen			
+ sonstige Ausgaben			
= Gesamtausgaben	230.000	270.000	40.000
Liquiditätsermittlung			
Gesamtbestand an flüssigen Mitteln	180.000	170.000	- 10.000
+ Gesamt an Zahlungseingängen	340.000	380.000	40.000
– Gesamt an Zahlungsausgängen	230.000	290.000	60.000
= Liquiditätsüberschuss / Liquiditätsbedarf	750.000	840.000	**90.000**

Die Liquiditätsdisponibilität beträgt 90.000 Euro.
Sie ist damit eine positive Ausgangsgröße für den nächstfolgenden Geschäftsmonat.

LITERATURVERZEICHNIS

• Ursula Kück, “Schnelleinstieg Controlling”,
Haufe Verlag, Niederlassung Planegg / München, 2003

• Marco Porrschel, “Krisenmanagement in kleinen und mittleren Unternehmen”,
Remmingen, 2003

• Rolf R. Sattler, “Unternehmerisch denken lernen“,
Deutscher Taschenbuchverlag München, 2003

• Wolfgang Lang, „Unternehmensfinanzierung“,
Redline Wirtschaft, Frankfurt/Main 2004

• Herbert Kleinebeckel, „Finanz- und Liquiditätsteuerung“,
Freiburg, 2004

• Reinhard Sprenger, „Mythos Motivation“, 17. Auflage
Frankfurt/Main 2004, 2002

STICHWORTVERZEICHNIS

A
Arbeitsqualität, 77
Arbeitszufriedenheit, 15
Anlagevermögen, 46, 47
Anlagevermögenreduzierung, 88, 89
Analyse, 88, 89

B
Befragungsmodell, 32, 33, 34, 35, 36, 37
Begeisterung, 14
Bestandsmanagement, 43
Beziehungsmanagement, 52, 92

C
Chefsache, 67
Controllers, 100
Controller – Funktion, 101
Controlling, 95
Controllingarten, 99
Controllingaufgaben, 98, 99
Controllinginstrumente, 102
Controllingorganisation, 100
Controlling – Strategie, 99

F
Fokussierung, 71
Forderungsausfälle, 41, 90
Früherkennungssystem, 47
Führungsinstrumente, 96

G
Gewinn, -Maximierung, 83, 84, 90

I
Ideenfindung, 72
Informations- und Kontrollsystem, 37

K
Kapitalbindung, 45
Kernpotentiale,
- strategische, 9
- analysieren, 9
Kontroll- und Überwachungsmanagement, 91
Kosten
- Minimierung, 83
- Führerschaft, 83
- Reduzierung, 84, 85, 88, 90
Krisen, 27
Krisenmanagement, 27
Kundenbefragung, 58, 59, 60, 61, 62, 63, 64, 65, 66
Kundenkontaktaufnahme, 53
Kundenorientierung, 39, 49, 50, 55
Kundenzufriedenheit, 20, 30, 31, 55, 56, 57

L
Lagerbestandsreduzierung, 85, 86
Lagerbestände, 43
Lagerdauer, 44, 86
Lagerumschlag, 43, 86
Liquidität
- Kontrolle, 67, 69
- Planung, 68
- Steuerung, 69
- Überwachung, 67
- Vergleich, 67

M
Managementkonzeption, 84
Marktnischen, 10
Mitarbeiterpotential, 10
Mitarbeitermotivation, 13, 14, 15
Mitarbeiterzufriedenheit, 16, 17, 18, 19, 20, 22, 23, 24, 25

P
Planabweichungen, 102, 108
Plan-Ist-Vergleich, 86, 87, 102, 103, 104, 105, 106, 107, 109
Produkt-
- inovation, 72
- entwicklung, 72
- prüfung, 73
- einführung, 73
- einflussfaktoren, 73, 74
- Einmaligkeitsfaktoren, 73

Produktfokussierung 71
Produktqualität, 78, 81
Produktservice, 80
Prozessorientierte Qualität, 76

Q
Qualitäts-
- definition, 75
- kriterien
- management, 76, 78
- orientierung, 75
- standard, 75
- vorsprung, 74

R
Rationalisierungsmassnahmen, 90
Ressourcenvorsprung, 74
Risikostrategie, 27
Risikoursachen, 29, 42
Risikovorbeugung, 30

S
Serviceanforderungen, 78, 79
Serviceleistungen, 78
Servicequalität, 78, 79
Soll-Ist-Vergleich, 67, 98
Steuergrößen, 95, 96, 97
Steuerung, 87
Steuerungsinstrumente, 95, 96, 97

U
Überplanbestände, 87
Überwachung, 42, 84, 97
Umsatz, 89
Umsatzvolumen, 29
Unternehmensfinanzierung, 47
Unternehmenskultur, 51
Unternehmensphilosophie, 51

W
Weiterbildung, 16
Wettbewerb, 75
Wettbewerbsvorsprung, 74